5-12-2024

Lieve Roslyn,

Van harte gefeliciteerd
met jouw 3e verjaardag!
Veel leesplezier met jouw
zoete zusje Elodie!

liefs
Overgrootoma Wilbrink

x x
x

Hanneke de Zoete

DE ZOETE ZUSJES HOUDEN VAN HOLLAND

met tekeningen van
Iris Boter

TIP

Ga naar **www.zoetezusjes.com/holland**
Laat je e-mailadres achter en ontvang een GRATIS E-BOEKJE BOORDEVOL KORTING OP TOFFE UITJES EN LEUKE EXTRA'S t.w.v. € 7,50.

KOSMOS

www.kosmosuitgevers.nl
kosmos.uitgevers
kosmosuitgevers

Tekst: Hanneke de Zoete
Illustraties: Iris Boter
Vormgeving: Caren Limpens

Kosmos Uitgevers vindt het belangrijk om op milieuvriendelijke en verantwoorde wijze met natuurlijke bronnen om te gaan. Bij de productie van het papieren boek van deze titel is daarom gebruikgemaakt van papier waarvan het zeker is dat de productie niet tot bosvernietiging heeft geleid.

ISBN 978 90 439 92337 8
ISBN e-book 978 90 439 2338 5
ISBN audioboek 978 90 439 2339 2
NUR 280

INHOUD

Wij zijn de Zoete Zusjes! Misschien ken je ons van onze filmpjes op YouTube. Elke week maken we een nieuwe video. We zijn gek op kleuren, knutselen, slijm maken, dansen, zingen en cadeautjes uitpakken en we beleven graag avonturen. Saar wil later in een musical spelen en Janna wil ballerina worden. Gelukkig duurt het nog heel lang tot we groot zijn, want we spelen het liefst de hele dag!

Dit is onze grote broer Bram. Hij houdt van voetballen, Donald Duckjes lezen en gamen. Meestal is hij wel lief, maar hij haalt ook vaak grappen met ons uit. Later wil Bram piloot worden en de hele wereld over vliegen. Hopelijk mogen wij dan met hem mee!

Dit is onze papa. Voor de filmpjes bedenkt hij heel veel toffe challenges en gekke avonturen. Dat vinden we erg leuk, want soms mogen we zomaar allerlei snoepjes proeven of bakken vol met slijm maken. Alles mag van papa! Ook maakt hij heel veel grapjes en hij vindt het altijd spannend om mee te gaan op avontuur.

Dit is mama. Zij houdt ervan om met ons te knuffelen. Als we vrij zijn vindt ze het leuk om samen te knutselen en te bakken. Als we van papa heel veel snoepjes mogen eten in een filmpje, zegt ze altijd dat we heel goed onze tanden moeten poetsen. Ze kan lekker koken en leest graag voor. Mama schrijft onze avonturen op, zodat jullie ze kunnen lezen.

IK HOU MIJN SPREEKBEURT OVER...

'Echt, zó saai!' Saar smijt haar tas onder de kapstok en schopt haar schoenen uit. Dan stampt ze de kamer binnen en ploft neer op de bank. 'Nederland, wat is daar nou aan?'

'Wat is er?' Mama gaat naast haar zitten. 'Is er iets gebeurd op school?'

Ook Bram en Janna komen net binnen. Verbaasd kijken ze naar hun zus.

'Ik heb Nederland getrokken!' roept Saar. 'Van alle landen van de

wereld trek ik precies Nederland. Hoe kan dat nou?' Ze steekt haar handen vragend in de lucht.

'Ik snap er helemaal niets van,' antwoordt mama. 'Begin eens bij het begin.'

En dan vertelt Saar wat er aan de hand is. Het begon allemaal vanochtend in de klas. De juf had verteld dat ze dit jaar allemaal een spreekbeurt moesten houden, want dat hoorde zo in groep zes. Sommige kinderen vonden dat direct al spannend, maar Saar niet. Zij hield juist van spreekbeurten. Meteen vormden zich allerlei plannetjes in haar hoofd. De wildste onderwerpen kwamen op: speurhonden, ontdekkingsreizen, de bedenker van de gloeilamp... Of misschien zou ze het doen over de ruimte of klimaatverandering. Of over konijnen! Dan konden Storm en Fluffy gezellig een ochtendje mee naar school. Ze zag het al helemaal voor zich.

Maar toen bleek dat de spreekbeurt over een land moest gaan. De juf had een grote bak met allemaal briefjes waarop de naam van een land stond geschreven. Iedereen mocht er eentje uit trekken en over dat land moest je na de meivakantie een spreekbeurt doen. Saar fantaseerde over interessante verre landen, zoals Zuid-Afrika of Amerika, maar ze trok het kaartje met Nederland erop. De teleurstelling was zo groot dat de tranen haar in de ogen sprongen. En de rest van de dag liep ze boos rond.

'Wat is er nou leuk aan Nederland?' vraagt Saar verdrietig. 'Als ik Amerika had gehad, kon ik vertellen over Disney World en over de indianen. Of Zuid-Afrika, dan kon ik de foto's laten zien van onze reis en vertellen over alle wilde dieren. Maar Nederland, dat kent toch iedereen al? Daar is toch niets over te vertellen? Su-per-saai!' Haar kin zakt naar beneden en haar armen zijn alweer over elkaar heen geslagen.

Mama wrijft zachtjes over haar rug. 'Nou,' zegt ze. 'Ik heb het anders best naar mijn zin in Nederland. Wij hebben toch ook veel leuke dingen?'

'Pff, wat dan?' vraagt Saar. 'Iris heeft Frankrijk getrokken. Zij gaat het hebben over de Eiffeltoren en neemt croissantjes mee. En Tom heeft Zweden. Die gaat foto's in de Ikea maken van gekke Zweedse namen en knäckebröd uitdelen. Suus heeft Engeland en gaat zelfs een stukje van haar spreekbeurt in het Engels doen.'

'Nou, dat is dan lekker makkelijk,' grapt Janna. 'Want jij doet je hele spreekbeurt al in het Nederlands.'

Maar Saar kan er niet om lachen.

'Weet je wat we doen?' Mama staat op. 'We gaan eens even een heleboel leuke dingen over Nederland opschrijven.' Ze pakt een groot vel papier en legt het op tafel. Met een stift schrijft ze in grote letters 'Nederland' in het midden. Dan geeft ze Saar, Bram en Janna ook een stift. 'Wij gaan alles opschrijven wat bij Nederland hoort of waaraan we moeten denken bij Nederland. Dat heet een mindmap maken. Zo krijg je allemaal ideeën voor je spreekbeurt. En wie weet is Nederland dan toch nog leuker dan je denkt.'

Ze beginnen alle vier te schrijven. Bram zet er meteen 'stroopwafels', 'drop' en 'kaas' op. 'Jammie,' zegt hij. 'Er zit vast wel iets lekkers tussen om uit te delen.' Hij likt met zijn tong langs zijn lippen.

'Niet alleen eten opschrijven, Bram,' zegt mama. Zelf schrijft ze ook veel woorden op: 'Amsterdam', 'dijken', 'de Noordzee', 'grachten', 'molens'...

Saar kijkt mee. 'Daar is toch niets aan?' vraagt ze.

'O, nee?' vraagt mama. 'Wat dacht je van een heerlijke strandwandeling in Scheveningen? Ben jij weleens helemaal boven in een molen geweest? Of heb je weleens met een bootje over de grachten van Amsterdam gevaren?'

'Nee, maar zo bijzonder kan het toch niet zijn?' Helemaal overtuigd klinkt Saar niet meer. Ze hangt nog met haar eigen stift boven het papier. 'Nederland, waar denk ik aan bij Nederland,' mompelt ze. 'Ik denk aan oranje, Koningsdag, klompen en stamppot.'

Mama wijst naar het papier. 'Schrijf maar op.'

'Ik denk aan de koning en de koningin,' roept Janna.

Mama knikt en ook Janna begint te schrijven. Ze tekent er meteen een mooi kroontje bij. Bram is ook nog bezig en na een tijdje staan er al een heleboel woorden op het blad.

Dan komt papa binnen. Hij loopt naar de tafel en kijkt over Saars schouder naar het vel papier. 'Goedemiddag, allemaal. Wat zijn jullie aan het doen?'

Saar vertelt over haar spreekbeurt. Ze klinkt al iets minder teleurgesteld dan een uurtje geleden. Als ze klaar is met vertellen, wrijft papa in zijn handen. 'Wat leuk, een spreekbeurt over Nederland. Nou, daar kunnen we zeker wel iets van maken, hoor.' Hij kijkt naar alle woorden op het papier. 'Nu lijken het allemaal nog saaie woorden,' zegt hij, 'want eigenlijk moet je alles echt zelf bekijken en beleven. Dan pas zie je hoe spannend en leuk Nederland

is. Misschien moeten we in de meivakantie maar eens een tocht door Nederland gaan maken, zodat je genoeg ideeën hebt voor je spreekbeurt.'

Mama knikt. 'Dat is nog eens een goed idee. Ik wilde sowieso al een keertje naar de hunebedden in Drenthe.' Ze wijst naar het woord 'hunebedden' op de lijst.

'Gaan we dan ook met een bootje varen? En op klompen lopen?' vraagt Janna.

'Misschien kunnen we wel een wedstrijdje "bitterballen eten" houden,' zegt Bram. 'Ook echt Nederlands.'

'En we kunnen in Volendam op de foto in klederdracht en een lekker harinkje eten,' zegt papa. Hij doet net alsof hij een vis beetpakt bij zijn staart en in zijn mond laat glijden.

'Bleh!' Janna grijpt met haar handen haar keel vast.

'En ik weet nog een goeie,' roept Saar. 'De Efteling, we moeten ook echt een keertje naar de Efteling!'

Bram en Janna springen meteen op. 'Ja, dat is ook echt super-Nederlands, hoor!' Bram knikt driftig met zijn hoofd.

'Misschien kunnen we ook wel op visite bij de koning en de koningin!' roept Janna blij. 'Dan trek ik mijn mooiste jurk aan.'

'En even langs de Deltawerken in Zeeland, de tulpenvelden in Lisse en de grotten in Limburg,' gaat mama verder.

'En met een fluisterbootje door Giethoorn varen en een hengeltje uitgooien,' vult papa aan. 'Genoeg te doen dus in de meivakantie. Wij gaan een roadtrip door Nederland maken, speciaal voor de spreekbeurt van Saar.'

‘Een roadtrip? Wat is dat?’ vraagt Janna.

‘Dat is een reisje over de weg,’ antwoordt mama. ‘“Road” is het Engelse woord voor “weg”. Dus we gaan door Nederland reizen om de allerleukste dingen van ons land te zien.’

‘Dan is het geen roadtrip meer, maar een rood-wit-blauwtrip!’ roept Saar vrolijk.

‘Dat vind ik een goede naam voor ons avontuur,’ zegt papa. ‘De rood-wit-blauwtrip door Nederland. En dan kun je daarna een geweldige spreekbeurt schrijven over alles wat je gezien en beleefd hebt.’

Saar zucht een keer diep. ‘Misschien toch wel leuk, Nederland…’

DE ROOD-WIT-BLAUW TRIP

'S Avonds, aan tafel, kunnen ze over niets anders meer praten dan de rood-wit-blauwtrip.

'Misschien kunnen we het beste als eerste naar de Efteling gaan,' zegt Saar stralend. 'Dan hebben we die maar vast gehad.'

'En ik wil lekker vissen met een bootje,' zegt Bram. 'Of zeevissen op de Noordzee, ook gaaf!'

'Ik wil op bezoek bij de koning en de koningin!' roept Janna. 'Dus dat moeten we als eerste doen.'

'Nou,' begint mama, 'bij de koning en de koningin mag je helaas niet zomaar op bezoek. Maar we kunnen wel kijken of we een mooi kasteel kunnen bezoeken, zoals Paleis Het Loo in Apeldoorn.'

'Maar zijn de koning en de koningin daar dan niet?' Janna kijkt een beetje verdrietig.

'Ik ben bang van niet, nee,' antwoordt mama. 'Maar je kunt wel een prinsessenjurk aandoen en dan ben je zelf de prinses in jouw kasteel.' Ze geeft Janna een knipoog.

'En we moeten wel even langs de dijken in Zeeland hoor,' zegt papa. 'Dat is echt Nederlands. Als al die dijken er niet waren, zou de helft van Nederland niet eens bestaan.'

'Wat?' Saar zet grote ogen op. 'Hoe bedoel je?'

'Een groot gedeelte van Nederland ligt eigenlijk onder het zeeniveau,' legt papa uit. 'Dus als er geen dijken zouden zijn om al dat water tegen te houden, zouden grote delen van Nederland onderlopen.'

'Dat klopt,' gaat mama verder. 'Nederland is een echt waterland. Dus daar moet je zeker iets over vertellen in je spreekbeurt, Saar. En ook over de watersnoodramp van 1953. Toen is er nog een hele grote overstroming geweest in Nederland. Dat kwam doordat de dijken nog niet sterk genoeg waren.'

Bram knikt. 'Dat heb ik gehad bij geschiedenis.'

'En we moeten zeker ook even langs de Drentse hunebedden,' zegt mama. 'Die zijn van zo ongeveer de aller-allereerste Nederlanders. Eigenlijk zijn het grafstenen van mensen die meer dan vijfduizend jaar geleden in Nederland leefden.'

'Hè, bah,' zegt Saar. Ze steekt haar tong uit. 'Liggen daar mensen begraven?'

Mama knikt. 'Nu kun je bij de hunebedden kijken, en er is volgens mij ook een museum. Dan kun je met eigen ogen zien hoe ze vroeger in Nederland leefden. Daar kun je ook over vertellen tijdens je spreekbeurt.'

'En we moeten natuurlijk even langs het grote VOC-schip,' zegt papa. 'Nederland is een rijk land geworden door alle handel over de hele wereld.'

'Al ging dat helaas niet altijd op een eerlijke manier.' Mama kijkt ineens heel serieus. 'De Nederlanders voeren met grote schepen naar verre landen voor specerijen om hier te verkopen. Maar dat niet alleen. Ze hebben ook stukken land ingepikt en mensen gevangengenomen en verkocht als slaaf om er zelf rijk van te worden.'

Ineens is het stil aan tafel. Bram, Saar en Janna kijken voor zich uit. 'Dat mag toch niet, mama?' vraagt Janna.

'Nee, dat is een stukje geschiedenis van Nederland waar we niet trots op zijn,' antwoordt mama. 'Hopelijk hebben we ervan geleerd en zal dat nooit meer gebeuren.'

Papa knikt. 'En er zijn nog steeds een aantal eilanden ver weg die tot het Koninkrijk der Nederlanden behoren, zoals de Nederlandse Antillen. Dat zijn nog altijd Nederlandse eilanden, hoewel het daar helemaal niet op Nederland lijkt. Hier is het regenachtig en koud, maar daar schijnt de zon en liggen prachtige witte stranden.'

'En dat is gewoon Nederland?' Saar kijkt verbaasd.

'Kunnen we daar niet even langs tijdens de roadtrip?' vraagt Janna. 'Dan kunnen we lekker naar het strand en zwemmen in de zee.'

Mama schudt haar hoofd. 'Dat wordt een beetje te duur,' zegt ze. 'Daar moet je helemaal met het vliegtuig naartoe vliegen en tickets zijn niet goedkoop. Bovendien is het dan geen roadtrip meer, maar een vliegreisje.'

'Maar het moet wel in mijn spreekbeurt.' Saar knikt beslist. 'Maar dat zoek ik dan wel op internet op.'

'Is Nederland groot, mam?' vraagt Janna.

'Nee, juist niet.' Bram loopt van tafel en pakt zijn telefoon. 'Nederland is juist een piepklein landje. Wacht, ik zoek het op. Even naar WikiKids. Daar staat altijd alles op. Wat willen jullie weten over Nederland?'

'Hoe groot is het?' vraagt Janna nog een keer.

'Hier staat dat de oppervlakte van Nederland 41.543 vierkante kilometer is.'

'Maar dat klinkt juist heel groot.' Janna houdt haar handen ver uit elkaar.

'Ja, maar voor een land is het maar klein,' zegt mama. 'En we wonen met een heleboel mensen in dit kleine landje. Volgens mij zijn we met meer dan zeventien miljoen Nederlanders.'

Bram checkt het op zijn telefoon en knikt. 'Dat staat hier ook.'

‘Wel gezellig,’ zegt Saar.

‘Behalve als je jarig bent en iedereen moet trakteren. Dan heb je wel zeventien miljoen stukjes taart nodig,’ merkt Janna op.

‘Maar dan krijg je ook zeventien miljoen cadeautjes voor je verjaardag, Janna,’ zegt Saar.

Janna ziet zichzelf al zitten tussen enorme stapels cadeaus en begint te lachen. ‘Dat lijkt me wel wat! Iedereen mag op mijn feestje komen!’

‘Zullen we maar eens een plan gaan maken?’ Papa pakt pen en papier en begint te schrijven. ‘Laten we Nederland maar even opdelen in stukken. Dan maken we voor elk stuk een plan.’

'In de twaalf provincies?' stelt Saar voor.

Mama fronst. 'Dat is misschien wel erg veel. 'Dan moet je bijna elke dag een andere provincie doen.'

'Wat is een provincie dan?' vraagt Janna.

'Nederland is opgedeeld in twaalf gebieden. Dat zijn de verschillende provincies,' legt mama uit. 'In het noorden heb je Groningen en Friesland en in het oosten Drenthe, Overijssel en Gelderland. In het zuiden liggen Limburg, Noord-Brabant en Zeeland. In het westen Noord-Holland en Zuid-Holland. En in het midden heb je nog Utrecht en Flevoland.'

'Laten we het inderdaad opdelen in noord, oost, zuid, west en het midden. Dan gaan we voor alle vijf richtingen een plan maken,' zegt papa. 'Misschien kunnen we op sommige plekken ook wel een nachtje blijven slapen. Het is vanaf hier namelijk best een eind rijden naar Friesland of Limburg.'

'Ja,' roept Janna. 'Misschien kunnen we een keertje slapen in een hotel of in een hunebed.'

'Ieuw, doe dan maar een hotel.' Saar fronst haar wenkbrauwen en kijkt naar Janna. 'Een hunebed is gewoon een stapel stenen buiten.'

'Maar een hotel is duur. Je kunt niet zomaar ergens gratis een nachtje slapen.' Mama heeft haar armen over elkaar. 'En al die leuke uitjes kosten ook geld, dus dat kunnen we nooit allemaal betalen.'

Volendam
Zaanse Schans
Noord-Holl
Rijksmuseum
VOC-Schip
Zuid-Holland
Deltawerken
en dijken
Zeeland
Efteling
Grotten

Fierljeppen
Groningen
Klompenmuseum
Friesland
Hunebedden
Drenthe
Overijssel
voland
Giethoorn
Gelderland
Paleis het Loo
Veluwe
bant
Limburg
Drielandenpunt
N
W
O
Z

Bram, Saar en Janna kijken elkaar teleurgesteld aan. ‘Maar we willen zo graag de rood-wit-blauwtrip doen,’ zegt Saar.

‘Dan moeten jullie ook maar een plan bedenken om aan dat geld te komen,’ antwoordt mama. ‘Hebben jullie nog wat op je spaarrekening staan?’

‘Of we gaan spulletjes verkopen op Marktplaats,’ zegt Janna. ‘Ik heb nog wel speelgoed waar ik nooit meer mee speel.’

‘Dat komt mooi uit!’ Papa slaat zijn handen tegen elkaar. ‘Aan het begin van de meivakantie is het Koningsdag en dan is er altijd een kleedjesmarkt. Daar kunnen we geld verdienen voor onze trip!’ Hij staat op en wrijft in zijn handen. ‘Ik denk dat we maar eens wat spullen moeten gaan verzamelen om te verkopen op de markt.’

‘Oeh, lekker,’ zegt mama. ‘Dan slaan we meteen twee vliegen in een klap. We ruimen eens goed alle kamers op en gaan daarna een heerlijk reisje maken. Ik ben voor!’ Ze steekt haar hand in de lucht.

Bram, Saar en Janna rennen al naar boven, op zoek naar spullen die ze kunnen verkopen. En als je weet dat je er geld mee kunt verdienen voor een mooie reis, dan is het ineens een stuk makkelijker om te kiezen welk speelgoed weg kan. Binnen een uur staan er al een paar dozen met oude spullen in de gang. Saar staat er goedkeurend bij met haar handen in haar zij. ‘We hebben zo veel, we worden straks nog rijk!’

LANG LEVE DE KONING!

'Lang leve de koning!' roept Janna om zes uur 's ochtends. Ze staat naast het bed van Saar.

Die schrikt wakker. 'Wat doe jij hier midden in de nacht?'

'Het is al ochtend, hoor. En vandaag is de kleedjesmarkt. Dus hup, eruit, en trek snel je oranje kleren aan, anders zijn de beste plekjes al weg.' Janna rent naar de gang om de anderen wakker te maken. 'De koning is jarig! Eruit allemaal!'

Ze trekken allemaal een oranje shirt aan en schminken vlaggetjes op hun wangen. Daarna tillen ze de dozen naar de auto. Mama maakt broodjes klaar en een thermoskan met koffie. Dan rijden ze naar de stad. De hele straat hangt vol met oranje vlaggetjes en overal zie je al mensen zoeken naar een mooi plekje om hun spullen uit te stallen.

'Kom snel, pap,' zegt Saar. 'Voor deze winkel is een mooie plek.'

Gisteravond hebben ze de spullen samen bekeken en overal een sticker met een prijsje opgeplakt. Saar wilde het liefst alles zo duur mogelijk maken, zodat ze lekker veel geld zouden verdienen voor de rood-wit-blauwtrip. Maar papa zei toen dat de spullen dan juist niet goed verkopen. 'Mensen komen naar de rommelmarkt voor de kleine prijsjes. Je moet gewoon lekker veel verkopen, dan verdien je toch een hoop geld.'

En gelukkig hébben ze veel spullen: boeken van mama en papa, lego en Duckies van Bram, knuffels van Janna, beeldjes en knutselspullen van Saar, en nog veel meer. Saar heeft ook haar blokfluit meegenomen. Dan kan ze ook nog wat extra's verdienen met het spelen van mooie liedjes. En Bram heeft naast het kleed een eigen stuk stoep afgezet met stoepkrijt. Hij begint een kraam met oud-Hollandse spelletjes. Voor vijftig cent kun je bij hem spijkerpoepen, sjoelen of grabbelen uit de grabbelton.

'Mag ik al een potje spijkerpoepen?' vraagt Janna aan Bram.

'Voor vijftig cent,' antwoordt Bram.

'Nee, moet ik ook betalen?' Janna kijkt hem boos aan.

'Oké, dan. Jij mag een keer gratis om het te testen.'

Bram bindt een touw met een spijker om Janna's middel. 'Nu moet de spijker in de fles. Als het binnen een minuut lukt, mag je grabbelen in de grabbelton.' Hij drukt de kookwekker aan.

Janna wiebelt met haar billen boven de fles. 'Ik moet effe poepen, hoor,' zegt ze lachend. De spijker tikt een paar keer tegen de opening van de fles, maar ze krijgt hem er niet in. ‘Oeh, dat is nog best lastig.’ Pas nadat de kookwekker is afgegaan, valt de spijker in de fles.

‘Gelukkig maar,’ zegt Bram. ‘Zo houd ik tenminste genoeg cadeautjes over voor vandaag.’

Janna haalt haar schouders op. ‘Ik hoef dat speelgoed toch niet terug.’ Ze loopt weer naar het kleed en samen met Saar verplaatst ze de spulletjes nog een beetje.

Als alles netjes ligt, zien ze de eerste bezoekers komen. Saar gaat voor het kleed staan en roept: ‘Mooie spullen te koop!’

Een meneer loopt naar hun kleedje toe. ‘Wat hebben jullie allemaal voor moois?’ vraagt hij vriendelijk. Saar en Janna laten alles zien. ‘Houdt u van koken? We hebben namelijk ook mooie kookboeken.’ Saar wijst de stapel aan en houdt verschillende boeken omhoog.

‘Nou,’ zegt de man. ‘Deze wil ik wel hebben.’ Hij pakt een dik kookboek op en kijkt naar de prijs. ‘Twee euro, dat is geen geld. Ik doe het.’ Hij pakt een munt uit zijn zak en geeft hem aan Saar.

‘Dank u wel,’ zegt Saar. Ze stopt de twee euro in het geldbakje en zwaait de meneer na. ‘Veel kookplezier!’

‘Yes, we hebben al twee euro!’ zegt ze tegen mama.

‘Hoi Saar!’ Saar draait zich om en ziet Asha, haar buurmeisje uit de straat. ‘We komen gezellig naast jullie.’

‘Zal ik even helpen?’ vraagt Saar. Ook Asha heeft samen met haar moeder spullen verzameld voor de rommelmarkt. Ze tillen alle spullen naar het kleedje van Asha.

‘Mijn moeder heeft ook een heleboel roti gemaakt om te verkopen,’ zegt Asha. Ze tilt de deksel op van een grote pan.

Saar snuift de lucht een keer diep op. ‘Wat lekker! Mam, Asha heeft roti om te verkopen.’

‘Nou, dan weet ik wel wat wij vanmiddag eten.’ Mama geeft Asha een knipoog. ‘Jouw moeder maakt de lekkerste roti van de hele wereld.’

Ook Bram komt even ruiken bij de pan. ‘Jammie, ik zag daar ook al een poffertjeskraam en stroopwafels. Ik lust alles wel.’ Hij wrijft met zijn hand over zijn buik.

Als het zonnetje is doorgebroken, wordt het steeds drukker op de rommelmarkt. Mensen schuifelen van kraampje naar kraampje. Bram, Saar en Janna verkopen een heleboel spullen.

‘Ik ga even blokfluiten, want het is nu lekker druk. Ga jij verder met verkopen, Janna?' Saar zet een muziekstandaard naast het kleed en pakt haar blokfluit. Ze heeft allemaal vrolijke liedjes geprint en legt een hoed ondersteboven neer op de grond. Daar kunnen de mensen het geld in doen. Saar speelt een heleboel liedjes. Af en toe gooit iemand een muntje in de hoed, meestal oudere mensen. Maar het schiet nog niet zo op.

'Janna, kom je anders meezingen?' vraagt Saar. 'Misschien helpt dat.'

Papa en mama nemen de verkoop even over en Janna zingt met Saar mee. Maar nog steeds worden er maar weinig muntjes in de hoed gegooid.

'Misschien moeten jullie juist heel vals gaan fluiten en zingen,' roept Bram. 'En dan vraag je mensen juist geld om te stoppen. Dat levert vast meer op.'

Maar op het moment dat Saar keihard piepende noten uit haar fluit perst en Janna er vals doorheen krijst, jagen ze juist alle mensen weg bij hun kleedje. Ook Asha en haar moeder houden hun handen over hun oren.

'Nou, dat werkt ook niet, Bram.' Janna zucht. 'Misschien moeten we maar gewoon wat meer verkopen.'

'We kunnen ook alles mooi aanprijzen, als een echte marktkoopman,' zegt Saar. 'Misschien helpt dat.' Ze pakt een grote eenhoornknuffel en begint te roepen. 'Deze mooie eenhoorn is superzacht en je kunt er heerlijk tegenaan kruipen in bed. Nu voor maar één euro!'

Ook Janna doet mee. 'Lieve mensen, dit mag je niet missen: nog mooie Donald Duckjes te koop! Tien cent per stuk. Je kunt ze lezen in bed, in de auto of op de wc als je zit te poepen!'

Mama trekt haar neus op. 'Nou, nu zou ik ze niet meer hoeven, hoor. Vieze Donald Duckjes. Misschien heb je ze al op de wc zitten lezen.'

'O.' Saar en Janna gaan toch maar weer zitten.

'Mogen we nu zelf ook even over de rommelmarkt lopen om wat leuks te kopen?' Janna heeft al een mooie knuffelbeer gezien bij een kraampje in de buurt.

'Dat mag wel,' antwoordt mama. 'Maar je moet niet meteen al het geld weer uitgeven. Dan verdienen we niets en hebben we geen geld voor de rood-wit-blauwtrip.'

'Mogen we dan iets kopen voor één euro?' Saar pakt twee losse euro's uit het geldkistje.

Mama knikt. 'Goed dan, één euro per persoon. Niet meer dan dat.'

Na een poosje komen ze weer terug. Janna heeft de knuffel gekocht en Saar een mooie sleutelhanger met schelpen. 'Hij was maar vijftig cent, dus ik kan nog vijftig cent terug doen in het kistje.'

'Dan trakteer ik wel op roti voor de lunch,' zegt papa. Ze kopen samen bij de buurvrouw een bakje met een soort pannenkoekje met boontjes, aardappel en kip. 'Mmm.' Papa doet zijn ogen dicht en geniet van elke hap.

'Is dit ook Hollands eten?' vraagt Saar.

'Nee, joh.' Asha lacht. 'Dit is Surinaams. Mijn ouders komen uit Suriname. Superlekker, hè?'

Mama knikt. 'Heerlijk! Nog lekkerder dan echte ouderwetse Hollandse pot, zoals boerenkool met worst, erwtensoep of hutspot.'

'Ik houd ook van hutspot,' zegt Asha. 'En van poffertjes en bitterballen.'

'En ik ben juist gek op roti.' Saar neemt nog een grote hap.

'En wat dacht je van heerlijke Indonesische nasi, Marokkaanse couscous of Turkse baklava?' Ook mama neemt nog een laatste hap. 'Veel Nederlanders komen oorspronkelijk uit een ander land. Hun grootouders, ouders of zijzelf zijn in Nederland komen wonen. En zo kunnen we hier genieten van lekker eten uit allerlei landen en culturen. Terwijl we toch allemaal Nederlanders zijn.'

'En we kunnen gezellig samen feestvieren, zoals Koningsdag.' Saar steekt haar arm door die van Asha. 'Zullen we Bram nog even helpen bij de spelletjeskraam?'

Aan het einde van de dag zit het geldkistje vol met munten. Ze hebben flink wat spullen verkocht. Wat is overgebleven brengt papa naar de tweedehandswinkel.

Ook de spelletjeskraam van Bram heeft een hoop opgeleverd. Thuis tellen ze samen het geld.

'Is het genoeg om ergens een nachtje te slapen?' vraagt Janna.

'Dat moet wel gaan lukken. In elk geval één nachtje,' antwoordt papa. 'Waar gaan we eigenlijk beginnen? In noord, oost, zuid, west of het midden?'

'Zoals het hoort, beginnen we in noord,' rijmt Saar.

Mama lacht. 'Dat is goed. Ik ga op zoek naar een mooi huisje in het noorden. Zo te horen kan de rood-wit-blauwtrip beginnen!'

'Rood-wit-blauw, we houden van jou!' Saar steekt haar handen in de lucht, en Janna doet haar na. 'We gaan nu heel gauw!'

AAN BOORD IN NOORD

'Je kunt wel zien dat Nederland echt een waterland is,' zegt Saar als ze Giethoorn binnenrijden. Naast de meeste huizen liggen bootjes en het lijkt of er meer kanaaltjes zijn dan wegen. Papa parkeert de auto in een straat langs het water.

'Is het hier?' Janna stapt uit en kijkt om zich heen.

'Nee,' antwoordt mama. 'Het laatste stuk kunnen we niet met de auto. We moeten eerst nog een stukje lopen over een klein weggetje met bruggetjes. De auto kan daar niet overheen.'

'Waarom hebben ze hier eigenlijk geen gewone straten, zoals bij ons?' Saar kijkt verwonderd om zich heen terwijl ze het kronkelweggetje volgen.

‘Omdat ze hier alle grond weggegraven hebben,’ antwoordt mama. ‘Dit is veengrond en als je blokken van deze grond laat drogen, kun je het daarna gebruiken om de kachel mee te stoken. Vroeger hadden mensen niet veel geld en nog geen verwarming in huis. Om een lekker warm vuur te maken gebruikten ze turf. Dat zijn gedroogde blokken veengrond.’

‘En alle kuilen zijn volgelopen met water en nu kun je door heel Giethoorn varen met bootjes,’ gaat papa verder.

‘Volgens mij is het daar.’ Mama wijst naar een schattig huisje tussen de kanaaltjes met een klein bootje erbij.

Bram, Saar en Janna rennen al vooruit.

Die middag varen ze over het meer in het fluisterbootje. De motor is zo zacht dat het bootje inderdaad nauwelijks hoorbaar door het water glijdt. Het eerste stuk heeft papa gestuurd, maar nu, op het grote meer, mogen ook Bram, Saar en Janna even aan het roer zitten.

‘Ik begin wel trek te krijgen,’ zegt papa. Hij pakt de bolletjes uit de koeltas en deelt ze uit.

‘Ik wil pindakaas,’ roept Janna.

‘Weet je nog van die meeuw die jouw krentenbol opat?’ vraagt Saar aan Janna. ‘Toen op de boot naar Ameland.’

Janna lacht en kijkt naar het bolletje in haar hand. ‘Zouden ze ook pindakaas lusten?’ Ze gooit een klein stukje brood omhoog. Een meeuw duikt naar beneden en hapt het zo uit de lucht. Mama slaakt een gil. Ze was net opgestaan om Bram een bolletje aan te geven en de meeuw scheert rakelings langs haar hoofd. Geschrokken gaat ze zitten.

'Dat scheelde niets,' zegt ze. 'Ik lag bijna in het water.'

Janna gooit nog een stukje brood en steeds meer meeuwen verzamelen zich boven het bootje. Ze vliegen in een grote sliert achter hen aan en duiken naar het lekkers. Janna's bolletje is al snel helemaal op. 'Mag ik er nog een?'

'Voor jou of voor de meeuwen?' vraagt mama met een streng gezicht.

'Allebei de helft,' antwoordt Janna onschuldig. Ze neemt eerst zelf een grote hap en gooit daarna weer een stukje in de lucht. 'Naar links!' Ze gooit een stukje naar links. 'Naar rechts!' Ze gooit een stukje naar rechts. Bram en Saar doen met haar mee en schuiven in de boot van links naar rechts. Het bootje schommelt heen en weer en mama houdt zich stevig vast. Bram zet 'Van voor naar achter, van links naar rechts' in en Saar en Janna zingen met hem mee. Ze gooien stukjes brood voor, achter en naast de boot.

'Ik dacht dat ik een heerlijk rustgevend boottochtje zou maken vanmiddag,' bromt mama. Ze klemt zich nog steviger vast en probeert haar evenwicht te bewaren met al dat gewiebel.

'Dan zou het geen echt avontuur zijn, toch?' Papa lacht en zingt vrolijk mee.

Het bootje met gillende kinderen hobbelt door het water, met erachteraan allemaal meeuwen, die krijsend links en rechts naast de boot duiken.

Na het grote meer komen ze in de kleine waterweggetjes van

Giethoorn, langs de boerderijen. Het kanaaltje is zo smal dat er maar één boot tegelijk door kan. In een lange file van boten varen ze door het dorp.

'Gaan we zo ook nog vissen?' vraagt Bram.

'Ja hoor,' antwoordt mama. 'En morgen rijden we naar Friesland om te fierljeppen. Ze hebben daar een fierljepmuseum en daarnaast staat een klompenmuseum. Daar gaan we ook nog even langs, want het is allebei typisch Nederlands.'

'Fierljeppen? Wat is dat?' vraagt Janna.

'Eigenlijk gewoon slootjespringen met een grote stok,' zegt Bram. 'En het is de bedoeling dat je droog blijft, maar of dat gaat lukken...'

De volgende dag zitten ze met oude kleren aan al vroeg in de auto. Het is even een stukje rijden.

'We konden toch ook gewoon in Giethoorn over slootjes springen? Die hebben ze daar ook genoeg,' zegt Bram.

'Dat klopt,' antwoordt mama. 'Maar in Friesland is een fierljepmuseum en een parcours waar je goed kunt oefenen. Eerst in het zand, daarna over smalle slootjes en uiteindelijk over een hele brede sloot. Er worden zelfs officiële fierljepwedstrijden gehouden daar.'

‘Dus fierljeppen is een echt Nederlandse sport?’ vraagt Saar. ‘Net zoals voetbal?’

‘En schaatsen,’ zegt papa. ‘In Friesland staat een grote schaatsbaan en de Elfstedentocht wordt ook in Friesland geschaatst. Als het ’s winters erg lang koud is en het ijs is dik genoeg, dan kun je een tocht schaatsen langs elf Friese steden. Maar helaas is het ijs de meeste winters niet dik genoeg.’

‘Hopelijk lukt het deze winter wel. Ik houd van schaatsen,’ zegt Janna.

‘En gelukkig is het vandaag niet zo koud, want dan kun je helemaal niet fierljeppen. Dan zou je eerst een gat in het ijs moeten hakken om de stok in te zetten,’ grapt Bram.

‘Maar dan hoef je toch helemaal niet te springen? Dan kun je gewoon over de sloot lopen.’ Saar schudt haar hoofd. ‘Zijn we er bijna?’

Ze beginnen met het klompenmuseum, waar je kunt zien hoe klompen gemaakt worden. Bram, Saar en Janna staan bij een groot raam en kijken naar de klompenmakers, die eerst grote blokken uit een boomstam zagen. Daarna zetten ze de blokken hout in een machine die de klompenvorm maakt. De binnenkant wordt uitgehold en daarna krijgen de klompen een mooi verfje.

'Vroeger liepen veel Nederlanders op klompen,' vertelt mama. 'Echte schoenen van leer waren erg duur. En bovendien zijn klompen lekker stevig en dus handig voor het werk op de boerderij.'

Bram, Saar en Janna willen zelf ook wel een keer houten schoenen proberen. De klompen tikken op de vloer en maken daarbij een hoop lawaai.

'Als je een keer iemand wilt laten schrikken, kun je maar beter geen klompen aandoen,' zegt Bram terwijl hij onwennig op de klompen rondstapt.

'Nee, dan horen ze je van een kilometer ver al aankomen.' Saar probeert te sluipen op haar klompen, maar het lukt niet om geen lawaai te maken.

Janna tikt haar hakken tegen elkaar en daarna de punten van haar tenen. 'Je kunt er wel leuke dansjes mee doen.'

Saar haakt haar arm in die van Janna en roept: 'Wij doen de klompendans!' Ze dansen in het rond, stampen op de grond en klakken met de klompen tegen elkaar.

'Gaan we nu eindelijk fierljeppen?' Bram heeft zijn klompen al uit en staat bij de deur.

'Dat is goed,' antwoordt mama. Ze zetten de klompen weer netjes terug en lopen naar buiten.

'Nu weet ik eindelijk waar het woord vandaan komt,' zegt mama als ze voor een groot informatiebord staan. 'Kijk, hier staat het. "fierl" is Fries voor "ver" en "jeppen" betekent "springen". Dus eigenlijk is het gewoon "verspringen".'

'Ik spreek ook een aardig woordje Fries, hoor.' Papa leunt tegen het bord en zegt: *'Bûter, brea en griene tsiis, wa't dat net sizze kin is gjin oprjochte Fries!*'*

Bram, Saar en Janna kijken hem met grote ogen aan. 'Wat zeg jij nou?'

*(*boter, brood en groene kaas, wie dat niet kan zeggen is geen echte Fries)*

Mama geeft hem een duw. 'Als je één zinnetje kent, ben je nog geen Fries. Maar misschien kun je het laten zien. Echte Friezen springen makkelijk over alle slootjes.'

Ze oefenen een poosje in het zand en gaan dan naar de smalste slootjes. Saar prikt haar stok in het midden van de sloot en zet zich af van de kant. Met een sierlijke zwaai vliegt ze naar de overkant. 'Gelukt!' roept ze uit. Ook Bram en Janna komen veilig aan de andere kant terecht.

De kleine slootjes lukken al goed, dus lopen ze naar een bredere sloot. Bram wil zijn stok al neerzetten, maar papa wil graag nog wat tips geven.

'Kijk, Bram, de stok moet echt in het midden van de sloot. Anders red je het niet tot de overkant. En je moet een goede zwaai maken, want deze is flink wat breder. Straks lig je erin.'

Hij loopt naar mama en geeft zijn telefoon aan haar. Houd maar even vast, dan doe ik het wel even voor.' Hij zet de stok midden in de sloot, leunt naar achteren en zet een paar snelle stappen naar voren. Als hij midden in de sloot aan de stok hangt, glijden zijn handen per ongeluk naar beneden. Bram, Saar en Janna horen een grom en een gil. Eén tel later ligt papa midden in de sloot. Geschrokken komt hij boven water. In zijn baard hangen nog wat natte bladeren.

Bram zakt door zijn knieën van het lachen. 'Goeie tips, pap. Daar heb ik echt wat aan.' Hij steekt zijn duim omhoog. Ook Saar, Janna en mama gieren het uit. 'We weten nu in elk geval zeker dat je geen echte Fries bent, pap.'

DE PANNENKOEKEN TIJD

'Retteketet, naar een hunebed,' roept Saar als ze de volgende ochtend wakker wordt. Ze zijn nog in het kleine huisje in Giethoorn en gaan vandaag door naar het oosten van Nederland. Saar strekt haar armen uit, buigt opzij en geeft Janna een duw. 'Wakker worden.'

Met warrige haren en in hun pyjama lopen ze naar de slaapkamer van papa en mama. 'Wanneer gaan we?'

'Nou, die hunebedden lopen niet weg hoor,' kreunt mama. 'Ze staan er al duizenden jaren, dus een uurtje later kan ook wel.' Ze draait zich om en trekt het dekbed omhoog.

'Eerst maar eens een lekker bakkie koffie.' Papa trekt zijn badjas en sloffen aan en loopt naar de keuken.

'Breng deze maar even naar mama.' Hij geeft Saar en Janna een dienblad met een kopje koffie en een beschuitje met kaas.

'Wat gaan we nou eigenlijk doen vandaag?' vraagt Janna op het grote bed. 'Kijken bij een paar grote stenen? Daar is toch niets aan?'

Mama zit rechtop in bed en neemt een slok van haar koffie. 'Je zou zeggen van niet, nee. Maar die grote stenen hunebedden vertellen veel over onze geschiedenis. Ze hebben er een mooi museum bij gemaakt en je kunt daar goed zien hoe de eerste Nederlanders leefden.'

'Keileuk,' zegt papa.

'Al die grote stenen of keien zijn in de ijstijd met het ijs mee naar Nederland gekomen. Toen het ijs smolt, zijn de grote stenen hier blijven liggen. En de hunebedbouwers hebben die gebruikt om graven mee te maken. Maar sowieso gebruikten ze vaak stenen, ook om wapens en gereedschap te maken. Ze noemen het daarom de steentijd. Maar straks zie je precies hoe de mensen er in die tijd uitzagen. In het museum hebben ze veel dingen uit de prehistorie nagebouwd. Laten we ons maar gaan aankleden, dan kunnen we op pad.'

'Proost, we gaan naar oost!' Papa houdt zijn kopje koffie in de lucht.

In het museum zien ze nagebouwde dorpen van de hunebedbouwers. Overal staan borden met informatie en er liggen allemaal voorwerpen van vroeger. Ook kun je filmpjes kijken, puzzels maken, zelf een hunebed nabouwen en spelletjes doen.

'Hoe weten ze eigenlijk dat ze zo leefden?' vraagt Saar. 'Je hebt geen films of foto's uit die tijd, want camera's hadden ze toen nog niet. Dan weet je toch nooit zeker hoe ze eruit hebben gezien?'

'Dat is een goede vraag, Saar.' Mama wijst naar een glazen kast met spullen. 'Dit zijn allemaal spullen die archeologen hebben opgegraven. Eigenlijk zijn archeologen mensen die zoeken naar sporen van vroeger. Dit hebben ze allemaal gevonden.'

Saar kijkt naar de pijlpunten, potten en scherven in de kast.

'Onder de grond ligt onze hele geschiedenis. Spullen die de mensen van vroeger hebben achtergelaten. Samen is het net een soort puzzel. Met alle kleine stukjes bij elkaar kun je erachter komen hoe mensen vroeger leefden.'

'En niet alleen onder de grond, maar hier in het oosten van Nederland ook boven de grond. Kom maar mee naar buiten.' Papa loopt naar de openstaande deur. De andere vier lopen achter hem aan naar het grootste hunebed van Nederland.

'Wat een grote stenen,' zegt Janna als ze voor het hunebed staan. Ze duwt er een keer tegenaan, maar er is geen beweging in te krijgen.

'Hoe hebben ze die grote stenen daar ooit bovenop gekregen zonder hijskraan?' vraagt Saar.

'Dat heb ik gezien,' antwoordt Bram. 'Binnen is een filmpje over hoe ze een hunebed maken. Ze leggen eerst de zijkanten neer en vullen dan alles op met zand. Daarna rollen ze de grote stenen erop. Dan graven ze het zand weer weg en heb je een hunebed.' Bram leunt trots tegen het bouwwerk.

'Juist,' zegt papa. 'Jij hebt wat geleerd vandaag.'

'En liggen hieronder dan mensen begraven?' Saar tikt met haar voet tegen de grond.

'Ja.' Mama knikt. 'Ze begroeven hun mensen met mooie spullen, zoals kruiken, wapens en sieraden. Voor archeologen is het dus een feestje om het op te graven. Want het zegt veel over hoe de mensen leefden in die tijd.'

'Dat kunnen we met jouw kamer ook wel een keer doen, Janna.' Papa kijkt haar aan. 'Ik denk dat als we gaan graven tussen al jouw rommel, we veel te weten kunnen komen over hoe je vorige maand leefde. Er zullen nog heel wat sporen verborgen liggen onder de zooi.'

'Pa-hap,' zegt Janna. En ze steekt haar tong naar hem uit.

'Gaan jullie er even voor staan?' Mama heeft haar telefoon al in haar handen. 'Dan maak ik even een leuke foto voor opa en oma. En misschien kun je de foto ook wel gebruiken bij je spreekbeurt, Saar.'

Van het hunebed lopen ze naar de nagebouwde boerderijen naast het museum.

'Waren er vóór de hunebedbouwers dan geen mensen in Nederland?' vraagt Saar.

'Die waren er wel, maar die bleven nooit lang op dezelfde plek. Het waren jagers en verzamelaars. Ze trokken van plaats naar plaats met hutten zoals hier.' Mama wijst naar een soort indianentent. 'Pas bij de hunebedbouwers kwamen de eerste boeren. Ze bouwden kleine boerderijen, met een akker en een weiland voor de dieren. Doordat ze toen genoeg eten hadden, hoefden ze niet meer het hele land door te zwerven op zoek naar voedsel. Dit zijn dus de eerste mensen die hier echt gingen wonen. De allereerste Nederlanders.'

'Dus zij zijn dus eigenlijk onze overgrootvaders en -moeders?' Janna kijkt mama vragend aan.

'Nou, zeker wel onze over-over-over-over-over-en-nog-een-paar-honderd-keer-overgrootouders,' antwoordt mama.

'Ik ben wel blij dat ik nu leef en niet in de prehistorie.' Bram kijkt rond in de boerderij. 'Ze hadden toen nog geen elektriciteit of een Playstation. Moest je de hele dag jagen en bramen plukken en zo.'

'En je kon ook nog niet op vakantie of naar een restaurant. Ik leef ook liever nu,' zegt Saar.

'Over eten gesproken. Wat eten we eigenlijk vanavond, mam?' Bram wrijft over zijn buik. 'Ik heb honger.'

'Vast een stuk elandvlees met bessentaart, net zoals de hunebedbouwers,' zegt papa. 'Ik moet alleen nog even op zoek naar een eland met mijn pijl en boog.' Hij zet zijn hand boven zijn ogen en tuurt in de verte.

'Nou, als we moeten wachten tot jij wat vangt, komen we vast om van de honger.' Mama grinnikt. 'Bovendien hadden de hunebedbouwers juist wel een akker en dieren. Ze hadden dus al graan, eieren en melk. Daar kan ik zeker wel iets lekkers van maken vanavond.'

'Wat dan?' Saar en Janna kijken mama aan.

'Lekkere prehistorische pannenkoeken met kaas en spek. Net zoals vroeger. Daar waren de hunebedbouwers vast ook gek op.'

'Maar ze hadden toch nog geen ijzer voor een koekenpan? Dan kun je ook geen pannenkoeken bakken,' zegt Saar slim.

'Oei, daar had ik even geen rekening mee gehouden. Misschien bak ik dan toch maar pannenkoeken uit de ijzertijd. Dat is handiger.'

Saar en Janna zijn dol op pannenkoeken bakken. Die avond in het huisje maken ze een grote stapel. Het leukste van het bakken is dat je de pannenkoek moet omkeren. Mama kan ze met een grote zwiep in de lucht gooien en weer opvangen in de pan.

'Eten! Lekkere Hollandse pannenkoeken!' roepen ze als de stapel klaar is.

Bram houdt het meest van pannenkoeken met kaas en spek. Janna wil ze het liefst met boter en poedersuiker en Saar maakt er helemaal een feestje van met aardbeien en slagroom.

'Lekker hoor, prehistorische pannenkoeken,' zegt papa met volle mond.

‘IJzertijdpannenkoeken, bedoel je.’ Saar wijst naar de koekenpan op het fornuis. ‘Zonder ijzeren koekenpan geen pannenkoeken.’

‘Juist ja. Dat bedoel ik.’

‘Misschien bakten ze in de steentijd wel pannenkoekjes op hete stenen,’ zegt mama.

‘IJstijd, steentijd, ijzertijd…’ Janna zucht een keer diep.

‘In welke tijd zitten we nu eigenlijk? Koekenpannentijd?’ grapt Saar.

‘Ik hoop schermtijd,’ zegt Janna dan. Ze kijkt mama vragend aan. ‘Toe, mogen we na het eten op een schermpje?’

HET SPROOKJESBOS

'Wat zullen we morgen gaan doen?' vraagt papa als ze weer thuis zijn. Hij legt zijn voeten op de tafel.

'We hebben Noord- en Oost-Nederland gehad. Nu nog naar zuid en west. En natuurlijk het midden van Nederland.'

'Waar ligt de Efteling?' Saar kijkt vrolijk naar Janna.

'In het zuiden, onder in Nederland,' antwoordt mama.

'Dan willen we naar het zuiden!' roepen Saar en Janna in koor.

Ook Bram is het daar meteen mee eens. 'Gaaf, ik wil zo graag een keer in de Baron 1898.'

'De Baron?' vraagt Janna. 'Wat is dat?'

'De coolste achtbaan van Nederland!' Brams ogen glimmen en hij gebruikt zijn handen om Janna te laten zien hoe de achtbaan gaat. 'Hij gaat supersteil omhoog en dan ineens... zoef, een vrije val recht naar beneden.' Zijn handen maken een duikvlucht naar de grond.

Janna kijkt hem met grote ogen aan. 'Dat durf ik niet hoor.'

'Ik ook niet,' zegt mama. 'Maar laten we inderdaad naar het zuiden gaan. In de Efteling heb je zoveel leuke attracties. Voor iedereen is er wel wat. En het is lang geleden dat ik Langnek en Holle Bolle Gijs heb gezien.'

'Waren die er vroeger dan ook al?' vraagt Saar.

'Jazeker,' antwoordt mama. 'De Efteling bestaat al heel lang. Zelfs opa en oma zijn vroeger naar het Sprookjesbos geweest. Dus het hoort zeker bij de hoogtepuntjes van Nederland. Laten we morgen lekker vroeg gaan, dan kunnen we de hele dag genieten.'

Papa knikt. 'Dat is een goed idee. Ik ga nog snel even bolletjes en pakjes drinken halen bij de winkel.'

'Zullen we eerst in de Baron?' vraagt Bram zodra ze de Efteling binnenlopen.

'Nou, liever niet.' Papa kijkt geschrokken. 'Die doe ik liever aan het einde van de dag. Waarschijnlijk kom ik er misselijk uit en durf ik daarna nergens meer in.'

‘Ik vind dat we moeten beginnen met het Sprookjesbos,’ zegt mama. ‘Dat is het oudste en bekendste stukje van de Efteling.’

‘Ja,’ roept Janna, ‘daar wil ik naartoe.’ Ze trekt aan Saars mouw en sleept haar mee in de richting van het bos. Ze kijken hun ogen uit. ‘Is dit Roodkapje?’ vraagt Janna. Ze wijst naar een meisje met een rood hoofddoekje. Ze wil net een klein huisje binnengaan, maar Janna ziet dat er een wolf in het bed van oma ligt. ‘O nee,’ roept ze. ‘Kijk mam, de wolf doet net alsof hij oma is.’

‘Daar is Langnek!’ Saar wijst naar een hoofd dat langzaam boven de bomen uit komt. Langneks ogen draaien van links naar rechts, alsof hij alles in de gaten houdt.

‘Mam, kijk nou!’ roept Bram. ‘Deze man zit in zijn blootje!’ Bram grinnikt en wijst naar een bewegend beeld van een blote koning die op een draagstoel getild wordt door zijn dienaren.

Saar en Janna rennen er ook heen. ‘Hij zit in zijn blote billen!’ Saar en Janna giechelen. ‘Hij heeft alleen maar een kroon op.’

‘O, dit sprookje ken ik,’ zegt mama. ‘Het gaat over een hele domme keizer die op zoek is naar nieuwe kleren. Hij nodigt twee kleermakers uit die beweren dat ze de allermooiste kleding kunnen maken. Maar die kleding kan alleen gezien worden door slimme mensen. Ze laten hem zogenaamd allemaal kostbare stoffen en lappen zien, maar de keizer ziet helemaal niets. Dat durft hij natuurlijk niet toe te geven, want dan denken ze dat hij dom is. En ook zijn vrienden durven niet te zeggen dat ze helemaal niets zien. Ze roepen dat zijn nieuwe kleren hem prachtig staan. En zo gaat de keizer in zijn blootje naar buiten voor de optocht. Pas als alle mensen beginnen te lachen, heeft hij door dat hij juist heel dom is geweest. De kleermakers hebben hem voor de gek gehouden. En hij heeft veel geld betaald voor helemaal niets.’

‘Wat een domme keizer.’ Janna schudt haar hoofd. ‘Je kunt maar beter gewoon eerlijk zijn.’

Mama knikt. ‘Dat is precies de bedoeling van sprookjes. Het zijn oude verhalen die al eeuwenlang worden doorverteld. In alle sprookjes zit wel een les waarvan je iets kunt leren. Zoals: wees maar gewoon eerlijk, anders sta je straks in je blote billen buiten.’

‘Wel lekker fris.’ Bram lacht. ‘En weet je wat ook fris is? De wind door je haren in de Baron.’

‘Nog even geduld, Bram.’

Na een ochtend vol met sprookjes in het Sprookjesbos, rusten ze even uit op een bankje. Ze hebben ook nog door een droomwereld gevlogen in Droomvlucht en een boottocht gemaakt door een oosterse stad in Fata Morgana.

'Het voelt niet echt als Nederland hier,' zegt Saar met volle mond.

'Meer als Sprookjesland,' zegt Janna. 'Mag ik er nog een met hagelslag?'

'Inderdaad.' Papa geeft haar nog een bolletje. 'We zijn nog in Nederland, maar het voelt een beetje als het buitenland met al die sprookjes. Misschien moeten we straks maar naar De Vliegende Hollander, die zal vast heel Nederlands voelen.'

'Gaaf!' Bram pakt het laatste bolletje. 'Dat is ook een achtbaan. Het is een schip waarmee je een stuk door de lucht en een stuk door het water gaat. Zullen we die nu doen?'

'Dat is goed.' Mama doet haar rugtas weer op haar rug. 'Geven jullie de rommel even aan Holle Bolle Gijs daar?' Ze wijst naar een beeld van een mannetje dat met een grote open mond staat te wachten. 'Hij eet al het afval op in de Efteling.'

'Hij lijkt helemaal niet op opa Gijs, die is veel dunner.' Janna loopt met het boterhamzakje naar Holle Bolle Gijs.

'Papier hier!' hoort ze.

'Zou hij ook zakjes lusten en lege pakjes drinken?' Samen met Saar voert ze Holle Bolle Gijs het afval.

'Dank u wel!' horen ze een stem zeggen.

'Kijk, hier staat het.' Saar wijst naar het bordje bij Gijs. '"Holle Bolle Gijs kon schrokken, grote brokken. Een koe en een kalf, een heel paard en een half. Een os en een stier. Zeven tonnen bier. Een schuit vol schapen en nog kon Holle Bolle Gijs van de honger niet slapen."'

'Altijd honger?' vraagt Janna. 'Dan lijkt-ie meer op Bram dan op opa Gijs!'

'Ze hadden hem beter Holle Bolle Bram kunnen noemen!' Saar lacht en geeft Bram een duw.

Die kreunt. 'Gaan we dan nu eindelijk naar de achtbanen?'

Mama, Saar en Janna staan te wachten bij een groot gat in de grond waar rook uit komt. Straks sjezen papa en Bram in de Baron recht op de grond af en vliegen dan door de rook heen onder de grond door. Verderop komen ze dan weer uit de grond omhoog en daarna gaan ze nog een paar keer over de kop.

'Ik ben blij dat ik er niet in hoef,' zegt Saar. Ze kijkt naar de top van de achtbaan. 'Het is echt vet hoog.'

'Zeg dat wel. Ik ga er ook niet voor mijn lol in,' antwoordt mama. 'Eerst heel lang wachten in de rij en dan te pletter vallen.' Ze trekt huiverend haar schouders op.

Dan zien ze dat de rit van papa en Bram gaat beginnen. Ze hangen hoog in de lucht te wachten op de vrije val. Bram roept en zwaait. 'Whoehoe, daar gaan we, pap!'

Papa hangt naast Bram met zijn ogen dicht. Hij ziet er niet zo stoer meer uit.

Mama grinnikt. 'Ik denk dat papa ook een beetje spijt heeft.'

Dan horen ze een bel en dendert de achtbaan het diepe in. Er is een hoop gegil en binnen een minuut is de rit alweer voorbij. Bram komt enthousiast naar buiten. Zijn haar staat overeind en zijn wangen zijn rood van de opwinding. 'Dat was gaaaaf! Ik wil nog een keer!'

Naast hem loopt papa met een wit gezicht. Hij heeft een hand op zijn buik en kijkt een beetje vreemd. 'Dat doe ik dus nooit meer. De volgende keer ga je maar lekker alleen. Ik voel de bolletjes met salami alweer omhoogkomen.' Hij laat een zachte boer en gaat even zitten op een bankje.

'Gaat het, schat?' vraagt mama met een hand op zijn schouder. 'Ik denk dat papa even een korte pauze nodig heeft, jongens.'

'Maar we willen nog in de zweefmolen!' roept Janna.

'Zweefmolen?' kreunt papa. 'Ik moet er niet aan denken, alles zweeft nu al voor mijn ogen.'

'Blijf jij hier nog maar even rustig zitten,' zegt mama. 'Dan kan Bram nog een keer in de Baron en ga ik nog even met de meiden in de zweefmolen. We zien elkaar daarna bij de vijver, want er is ook nog een mooie fonteinenshow als afsluiter.'

Na een prachtige show met bewegende fonteinen op muziek rijden ze weer terug naar huis.

'Zuid-Nederland is echt superleuk!' Saar gaapt een keer diep en kijkt naast zich. Janna ligt al tegen haar aan en slaapt.

'Ik wil nog wel tien keer in de Baron,' zegt Bram.

'Nou, ik vond één keer wel genoeg. Ik begin net weer een beetje op te knappen.' Papa sluit zijn ogen en zakt onderuit op de bijrijdersstoel.

'Maar Zuid-Nederland heeft nog veel meer leuks.' Mama stuurt de auto de snelweg op. 'De Efteling was leuk vandaag, maar in Limburg heb je lekkere vlaai, grotten en de hoogste berg van Nederland. En in Zeeland heb je de dijken, de zee en kun je mosselen eten. Nog genoeg te doen in het zuiden.'

'Morgen weer een dag.' Papa zucht eens diep. 'Eerst maar eens bijkomen en lekker slapen thuis.'

HOOG EN LAAG

'We gaan vandaag naar het hoogste en ook naar het laagste punt van Nederland,' zegt papa als ze de volgende ochtend alweer vroeg in de auto zitten. 'Allebei in Limburg.' Hij neemt een slok uit zijn thermosbeker met koffie.

'Eigenlijk is Nederland vooral een plat land,' legt mama uit. '"Neder" betekent "laag", dus "Nederland" betekent "Laagland". En dat kun je ook wel zien als je naar buiten kijkt. Als we in Frankrijk op vakantie zijn, zie je allemaal mooie bergen, maar hier is het zo plat als een dubbeltje. Behalve in Limburg, daar heb je een paar grote heuvels, en vandaag gaan we naar de hoogste heuvel toe.'

'En het laagste punt dan?' vraagt Saar. 'Is dat ook in Limburg?'

'Nou, dat ligt eigenlijk onder Limburg,' zegt mama geheimzinnig. 'In Limburg zitten een heleboel gangenstelsels onder de grond. De grotten van Limburg. En daar gaan we ook naartoe.'

'Is het daar helemaal donker?' Saar trekt haar wenkbrauwen op.

'We gaan met een gids, dus die neemt vast wel een lampje mee,' stelt papa haar gerust. 'En anders heb ik altijd nog het lampje van mijn telefoon.'

'Straks maak je de beren wakker die in de grot leven.' Janna kijkt serieus naar mama, maar die begint te lachen.

'Nee, joh, er wonen geen beren in de grotten in Nederland. Misschien een paar vleermuizen, maar dan heb je het ook wel gehad.'

Saar en Janna kijken elkaar angstig aan. 'Ik ben blij als we weer uit die grotten zijn,' mompelt Saar.

Samen met nog een aantal andere mensen staan ze voor de ingang van de grot. Bram krijgt van de gids een lamp en dan neemt hij ze mee een lange tunnel in. De deur van de grot gaat weer dicht en ineens staan ze zomaar onder de grond. Het voelt een beetje vochtig en koud. Janna trekt haar vest aan en kruipt dichter naar mama toe. Saar blijft in de buurt van Bram en zijn lamp. Grotten zijn best eng.

'Hier kun je zien hoe grote stukken kalksteen werden uitgezaagd,' vertelt de gids. Hij wijst met zijn zaklamp hoog boven hen. 'Met die kalkstenen is het grote fort boven de grond gebouwd.'

'Ik dacht dat grotten altijd heel klein en smal waren,' fluistert Saar.

'Klopt,' zegt mama zachtjes terug. 'Eigenlijk is het geen grot, maar een mijn. Ze hebben er zo veel stenen uitgezaagd dat het hele hoge ruime gangen zijn geworden.'

'We zijn nu al een eindje op weg in het gangenstelsel en er is hier nergens meer daglicht.' De gids knipt zijn zaklamp uit. Hij gebaart naar Bram dat hij ook zijn lampje uit moet doen. Dan staan ze een poosje in het pikkedonker. Je kunt geen hand voor ogen zien.

'Mag de lamp weer aan?' piept Janna. 'Ik vind het een beetje eng.'

Als na een minuut de lampen weer aan gaan, haalt ook Saar opgelucht adem.

'Gelukkig hebben we een lamp mee,' zegt de gids, 'maar grotten blijven altijd gevaarlijk. Je moet goed de weg weten en voldoende batterijen in je lamp hebben. Anders vind je de weg naar de uitgang nooit meer terug. Ga dus nooit zomaar zelf de grotten in, maar altijd met een gids. Volg mij maar.' Hij loopt verder de grot in en Bram, Saar en Janna blijven dicht bij hem.

Hij laat hun mooie wandschilderingen zien, die kunstenaars vroeger gemaakt hebben om de grotten te versieren voor de bezoekers. Ook komen ze bij een grote open plek waar Franse soldaten hebben geprobeerd om de grot op te blazen met dynamiet om bij het fort te kunnen komen. 'In deze grot zit zelfs een kluis,' zegt de gids. 'In de oorlog werden daar de schatten van Nederland bewaard. Zoals het grote schilderij "De Nachtwacht" van Rembrandt.'

'Gaaf,' zegt Bram. 'Een grot met schatten.'

'De mooiste schilderijen van Nederland werden stiekem opgeborgen in deze grot, zodat de vijand ze niet kon stelen en ze niet kapot zouden gaan bij alle gevechten. Ook gebruikten de mensen in Limburg de grot om te schuilen of, in de oorlog, om doorheen te vluchten.'

Bram staat dicht bij de gids om alles goed te kunnen horen. Hij slaakt een kreetje van opwinding als de man vertelt dat er tijdens het zagen van kalkstenen ook dinosaurusbotten zijn gevonden. Hij laat een plaatje zien van een mosasaurus, waarvan ze hier botten hebben opgegraven.

Ook zien ze onderweg een paar vleermuizen hangen boven in de grot. De gids beschijnt ze met een zaklamp en eentje vliegt precies op dat moment weg. Saar duikt naar beneden.

'Help, niet naar mij!'

'Hij is al weg,' fluistert papa.

'Gaan we al bijna weer naar buiten?' Saar kijkt nog steeds geschrokken.

'Ik hoop het wel, want ik heb wel zin in een lekker stuk Limburgse vlaai.' Papa wrijft over zijn knorrende buik.

'En koffie,' vult mama aan.

Als ze even later naar buiten stappen, moeten hun ogen wennen aan het felle zonlicht. Saar knijpt haar ogen dicht tot spleetjes. 'Waar is de taart?'

'Geen taart, maar Limburgse vlaai,' antwoordt mama. Ze wijst naar een restaurant naast het fort. 'Daar maar even gaan zitten?' En zo zitten ze al snel aan een groot stuk kersenvlaai met slagroom.

Van het laagste punt rijden ze naar het hoogste punt van Nederland, de Vaalserberg. Boven op de berg ligt het Drielandenpunt. Dat is de plek waar drie landen bij elkaar komen: Nederland, België en Duitsland. Als je precies bij de grenspaal gaat staan, kun je met één been in Nederland, één been in België en een hand in Duitsland gaan staan.

'Ik ben in drie landen tegelijk!' roept Saar. 'Maak snel een foto!'

Ze maken een heleboel grappige foto's bij de grenspaal en na een paar rondjes rennen om de paal weten ze niet meer in welk land ze nou eigenlijk zijn.

'Waar ben ik nu?' vraagt Janna draaierig na een paar rondjes.

'In de afgelopen minuut ben je wel tien keer in drie verschillende

landen geweest, maar nu ben je weer terug in Nederland.' Mama lacht. 'Je hebt wel iets moois te vertellen op school na de vakantie. Je bent gewoon in drie landen tegelijk geweest! Zullen we hier ook nog de smokkelspeurtocht doen? Die komt straks uit bij het doolhof.'

'Ik dacht dat we nooit meer uit het doolhof zouden komen,' zegt Janna als ze weer onderweg naar huis zijn. 'En ik moest zo nodig plassen op het eind.'

'Ik vond de watermuren het spannendst.' Saar wrijft over haar natte broekspijp. 'Ik ben niet helemaal droog gebleven.'

Janna grinnikt. 'Als ik nog een paar minuten langer in het doolhof had gezeten, was ik ook kletskleddernat geweest. Maar dan van mijn eigen plas.'

'Wat betekent dat rode lampje?' Mama wijst naar het dashboard van de auto.

'O nee,' kreunt papa. Hij stuurt de auto de vluchtstrook op. Bram, Saar en Janna kijken geschrokken op.

'Waarom stoppen we?' vraagt Bram bezorgd.

Als de auto helemaal stil staat, zien ze een beetje rook uit de motorkap komen.

'Dit ziet er niet best uit.' Papa stapt voorzichtig uit en doet de motorkap open. Hij wappert met zijn handen wat rook weg en loopt dan naar het raam van mama. 'Hier kunnen we voorlopig niet verder mee rijden. Ik pak de hesjes uit de achterbak. Jullie mogen voorzichtig uitstappen aan deze kant en dan een stuk achter de vangrail gaan staan. Daar is het veilig.'

Bram, Saar en Janna krijgen alle drie een knaloranje hesje aan.

'Wel mooi Nederlands,' grapt Janna. 'Oranje boven!'

'Niet grappig, Janna,' zegt Saar boos. 'Straks komen we nooit meer thuis. Dan moeten we hier slapen vannacht.'

Ze gaan zitten in het gras. Om de schrik een beetje te verlichten deelt mama wat lekkers uit. Papa belt ondertussen met de wegenwacht. Als hij klaar is, komt hij erbij zitten. 'Ik heb goed nieuws en slecht nieuws. Het slechte nieuws is dat de motor waarschijnlijk oververhit is. En het goede nieuws is dat de wegenwacht eraan komt om te helpen.'

'Ik ben blij dat ik net nog even naar de wc ben geweest,' zegt Janna. 'Anders had ik het nooit volgehouden. We moeten vast lang wachten.'

'Ja,' zegt Bram. 'We staan bij de snelweg, maar voorlopig zijn we nog niet snel weg. Gelukkig kan ik een boompje pakken.' Hij staat op en loopt naar een boom om te plassen.

Ze moeten meer dan een uur wachten, maar dan komt er gelukkig hulp. Als de monteur van de wegenwacht een poosje onder de motorkap heeft gerommeld, komt hij weer overeind. 'Dat gaat hem niet worden,' zegt hij. Met een klap gooit hij de klep weer dicht. 'Ik ga een sleepwagen en een taxi voor jullie regelen. Dan slepen we de auto naar de garage en brengen we jullie naar huis.' Hij pakt zijn telefoon en begint te bellen.

'O, nee!' roept Saar. 'De auto is echt stuk. Hoe moet dat nou met de rest van onze rood-wit-blauwtrip? We moeten nog naar West-Nederland en naar het midden. Dat gaat nu nooit meer lukken.' De tranen staan in haar ogen. En dan begint Janna ook te huilen.

EEN NIEUW PLAN

Omdat de auto nog bij de garage staat, is het een pyjamadag geworden vandaag. Saar en Janna wilden het liefst verder met de rood-wit-blauwtrip, maar zonder auto gaat dat niet lukken. Ze hebben heel lang uitgeslapen, hoefden zich niet aan te kleden en mochten extra lang op een schermpje. Daarna was het spelletjestijd. Elke vakantie plannen ze wel een keer een pyjamadag en vandaag kwam het ook wel goed uit, want iedereen was best moe van alle uitjes van de afgelopen dagen.

'Maar hoe moet het nu verder met de rood-wit-blauwtrip?' vraagt Saar verdrietig.

'Zal ik de garage even bellen?' Papa heeft zijn telefoon al vast.

‘Misschien weten ze al wanneer de auto klaar is.’ Na een paar minuten hangt papa weer op. ‘Helaas,’ zegt hij. ‘Er moet een onderdeel besteld worden. De auto is op z’n vroegst pas morgen aan het eind van de dag klaar.’

Mama zucht eens diep. ‘Nou ja, het is niet anders. En zo erg is het toch ook weer niet? We doen lekker spelletjes vandaag en we kunnen morgen misschien wel gezellig gourmetten of zo.’

‘Het is wél erg!’ roept Saar. ‘We moeten nog naar de dijken in Zeeland, naar Amsterdam, naar het grote schip, naar de tulpen, naar de molens, naar Volendam, naar het paleis. We moeten nog zoveel!’

‘Maar dat lukt toch nooit allemaal in deze vakantie?’ vraagt mama. Ze schudt haar hoofd. ‘Zelfs als de auto klaar was, hebben we daarvoor niet genoeg dagen. Voorlopig zitten we thuis.’

‘Tenzij...,’ begint papa. Alle hoofden schieten zijn kant op. ‘Tenzij we morgen een dagje met de trein naar Amsterdam gaan.’

Saar springt op. ‘Ja, met de trein!’

‘Ik wil ook met de trein!’ roept Janna.

‘Dan hebben we volgens mij een nieuw plan.’ Papa geeft de meiden een high five.

En precies volgens plan zitten ze de volgende ochtend vrolijk in de trein naar Amsterdam. Saar heeft uitgekeken naar vandaag. Eindelijk naar de echte hoofdstad van Nederland. Daar moet je toch wel iets over kunnen vertellen in een spreekbeurt. Gelukkig was papa op het idee van de trein gekomen, anders zaten ze nu weer een hele dag thuis. En het lukt nu al niet om alles van Nederland te zien in een paar dagen.

'Vandaag gaan we allemaal mooie schilderijen bekijken in het Rijksmuseum,' zegt mama. De trein zoeft langs alle auto's op de snelweg.

'Kijk, we gaan nog sneller dan de auto's!' roept Janna enthousiast. Het is jammer dat alle leuke dingen altijd zo snel voorbijvliegen, want voordat ze het weten rijdt de trein het station van Amsterdam binnen. Ze checken hun kaartjes uit bij een poortje en lopen naar buiten.

'We zijn er.'

Saar kijkt om zich heen. 'Waar is het museum?'

'Deze kant op.' Papa loodst ze naar een tramhalte, want ze moeten ook nog een stukje met de tram. Een poosje later stappen ze uit bij het Rijksmuseum.

Mama koopt voor iedereen een kaartje bij de kassa. 'Nederland is ook bekend om zijn grote kunstenaars, zoals Rembrandt van Rijn en Vincent van Gogh. Hier hangen schilderijen die zij gemaakt hebben en die moet je echt een keer gezien hebben.'

'Is dat niet saai? Zo'n museum vol oude schilderijen?' vraagt Saar. Ze trekt haar bovenlip omhoog.

'Tja,' antwoordt papa. 'Het is inderdaad geen pretpark of dierentuin, maar wel heel Nederlands. Je moet er dus echt iets over weten voor je spreekbeurt. En misschien kunnen we er wel een leuk spelletje bij bedenken om het wat spannender te maken.'

‘Oké dan,’ zegt Saar.

‘Hangt “De Nachtwacht” hier ook?’ vraagt Bram. ‘Die ze in de oorlog in de grotten hadden verstopt?’

Mama knikt. ‘Ja, die is hier ook. Zullen we daar eerst langs lopen? Dat is echt een supergroot schilderij.’

Bram, Saar en Janna staan voor het enorme doek. ‘Wow, echt heel groot!’ Janna draait haar hoofd in alle richtingen om het schilderij helemaal te kunnen zien.

‘Hier staat dat Rembrandt drie jaar bezig was om het schilderij te maken.’ Mama heeft een folder in haar handen. ‘Het is meer dan vier meter breed en ook bijna vier meter hoog.’

‘Dan heb je echt een hoop verf nodig!’ Janna kan het niet geloven.

‘En een grote trap, anders kun je nooit bij de bovenkant komen!’ vult Saar aan.

Ze lopen door allemaal ruimtes vol met schilderijen. De meeste vinden ze maar saai. Heel veel landschappen, mensen en stillevens met bloemen en spullen.

‘Zullen we een spelletje doen?’ vraagt papa. ‘Dan moet je bij elk schilderij een klein verhaaltje bedenken. Ik begin wel.’

Ze staan voor een schilderij van een deftige mevrouw met een grote witte kraag en een wit kapje op haar hoofd. Ze heeft een klein lachje om haar mond.

‘Kijk,’ zegt papa. ‘Deze mevrouw heeft net per ongeluk een scheetje gelaten en nu hoopt ze maar dat de schilder het niet ruikt.’

Bram, Saar en Janna schieten in de lach. ‘Kijk naar haar ogen, ze checkt echt of iemand het ruikt.’

Saar en Janna lopen giechelend verder. Dan komen ze bij een schilderij van een mevrouw die melk in een kom schenkt.

‘“Het melkmeisje”,’ leest papa op het kaartje ernaast. ‘Deze mevrouw gaat een taart bakken. Ze heeft een feestje morgen en wil een grote Zoete Zusjes-taart met tien verdiepingen. Ze kijkt een beetje dromerig omdat ze nog niet weet of ze bovenop allemaal glitters of discodip gaat strooien.'

'Ik denk discodip,' zegt Saar.

'Ik denk glitters,' zegt Janna.

'Nu ik.' Bram staat bij een schilderij van een man met een puntsnor en een puntbaardje. Eén arm staat in zijn zij en zijn andere arm zit onder zijn mouw, alsof zijn arm gebroken is. 'Deze meneer lijkt deftig, maar eigenlijk is hij een professionele skateboarder. Hij heeft zijn arm gebroken op de halfpipe en die moest toen in het gips. Nu is hij boos omdat hij niet meer kan skaten.'

Papa lacht. 'Dat is een goeie, ik zie het helemaal voor me.'

'En kijk hier.' Saar wijst naar een meisje in een prachtige blauwe jurk met een veer in haar handen. 'Dit meisje heeft van die rode wangen omdat ze net met haar vader de kietelorkaan heeft gedaan. Ze heeft met het veertje onder zijn neus en oksel gekieteld tot hij zich overgaf.'

Papa geeft haar een knipoog. 'Dat kan maar zo eens waar zijn.' Hij grijpt Saar om haar te kietelen. 'Ik heb geen veer, maar de kietelorkaan kan ook zonder!' Saar begint te gillen.

'Sst.' Mama kijkt hen even streng aan. 'In een museum moet je wel stil zijn.'

Papa steekt zijn handen in de lucht. 'Oké, voor nu ben je nog even veilig, maar als we straks weer buiten staan...'

'En deze?' Janna staat voor een schilderij van een meneer met een rode baard en een hoed op.

‘Dat is het zelfportret van Vincent van Gogh,’ zegt mama. ‘Hij heeft zichzelf geschilderd met allemaal kleine streepjes. Kijk maar eens goed van dichtbij.’

Ze staan met hun neus boven op het schilderij. ‘Ik zie de streepjes,’ zegt Saar.

‘Maar hoe kun je nou jezelf schilderen? Dat is toch hartstikke lastig?’ vraagt Janna.

‘Ik denk dat hij dat met een spiegel gedaan heeft,’ antwoordt mama. ‘Dan kun je telkens even in de spiegel kijken en daarna weer een stukje schilderen. Het lijkt mij ook lastig, maar we weten zo wel hoe Vincent van Gogh er zelf uitzag.’

‘Ik wil dat ook weleens proberen.’ Saar kijkt nog eens goed naar het schilderij. ‘Zullen wij dat thuis ook doen, Janna?’

‘Mogen we een spiegel?’ vraagt Saar als ze weer thuis zijn. Ze hadden nog een paar zalen vol met schilderijen gezien, maar waren het na een uur of twee helemaal zat. Gelukkig mochten ze in het restaurant van het museum nog een lekker stuk taart en een flesje drinken voordat ze weer met de trein naar huis gingen.

‘Nou, Janna. Daar gaan we.’ Saar heeft twee witte vellen papier op tafel gelegd. ‘Wil je met verf of met stiften?’

‘Verf, natuurlijk, net als Vincent van Gogh.’ Janna pakt de pot met kwasten en zet een bakje water op tafel. ‘Ik kan het niet met al die kleine streepjes hoor. Ik doe het gewoon zoals altijd.’ Ze maakt een groot hoofd, ogen, een neus en een mond. Telkens kijkt

ze even in de spiegel. ‘Mijn ogen zitten ongeveer hier. En ze zijn blauw.’

Saar, die ook druk aan het schilderen is, heeft haar tong een stukje uit haar mond. ‘Mijn oren zijn niet te groot en niet te klein. En de oorbellen moet ik niet vergeten,’ zegt ze.

Als ze helemaal klaar zijn, laten ze hun kunstwerken aan mama zien.

‘Mooi he?’ Janna houdt haar schilderij omhoog. ‘Mogen we ze in de woonkamer ophangen?’

‘Ik zou ze maar goed bewaren, mam,’ zegt Saar. ‘Want als we later beroemde Nederlandse schilders zijn geworden, hangen deze schilderijen ook in het Rijksmuseum en zijn ze veel geld waard.’

DIY

Maak een zelfportret net als VINCENT VAN GOGH

WAT heb je nodig?

- een spiegeltje
- papier of een leeg schilderij
- verf, kwasten en water of kleurtjes
- de tips van Iris Boter!

Tips van Iris Boter: HOE MAAK JE EEN ZELFPORTRET?

TIP

Eerst de onderkant van het gezicht.

Iedereen heeft ander haar.

De oren zie je niet altijd. soms zit er haar voor.

Dan ogen, neus en mond.

Zo teken je ogen:

Zo teken je een mond:

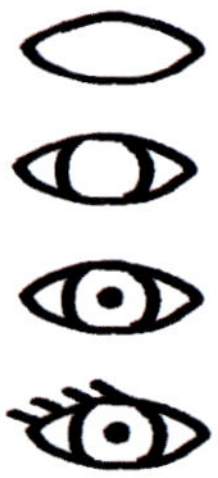

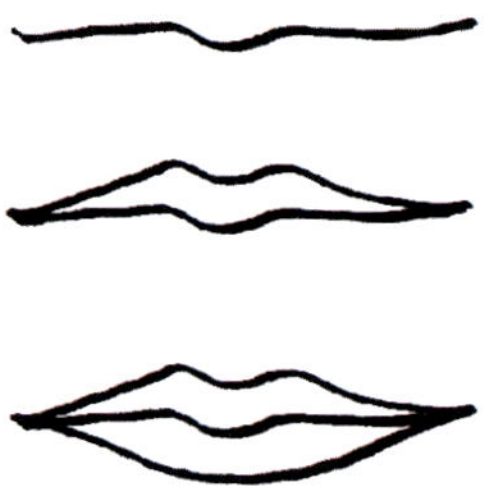

Een neus van voren is een kronkelige lijn

Wat voor kleding heb je aan?

Aan de slag:

Maak een mooi portret van jezelf. Kijk goed in de spiegel hoe je eruitziet!

Maak een foto van je eigen zelfportret, deel deze op Facebook of Instagram en tag ons: @dezoetezusjes. We zijn heel benieuwd!

ZO GAAT DE MOLEN

De zelfportretten van Saar en Janna staan in de woonkamer. Telkens als ze erlangs lopen kijken ze even naar zichzelf.

'Het lijkt wel een spiegel,' grapt Janna. 'Ik lijk precies!'

Saar doet een stap naar achteren. 'Ik heb een beetje een gekke neus,' zegt ze. 'Neuzen zijn echt lastig om te schilderen.'

'Ja, die vind ik ook het moeilijkst,' antwoordt Janna. 'Die schilders van vroeger konden dat veel beter.'

'En nu hoef je ook bijna niet meer te schilderen.' Saar kijkt naar Janna. 'Wij maken meestal gewoon een foto. Die is tenminste net echt.'

'Maar dat kon vroeger toch nog niet? Toen moesten ze wel

een schilder inhuren als ze hun eigen hoofd aan de muur wilden. En toen trokken ze ook nog van die rare kleding aan: gekke witte kragen en rare hoedjes.' Janna trekt een gek gezicht.

Dan komt mama de woonkamer binnen. Ze kijkt naar de onesies van Saar en Janna. 'Gaan jullie je even omkleden? Het is al elf uur.'

'Maar we blijven vandaag toch thuis?' Janna steekt haar handen vragend op. 'De auto staat toch nog steeds in de garage? Of gaan we vandaag weer met de trein?'

Mama schudt haar hoofd. 'Nee, we kunnen niet elke dag met de trein. Vandaag hebben we weer een rustig dagje. Als het goed is, kunnen we de auto vanmiddag ophalen. Dan kunnen we morgen weer een dagje op pad.'

'Yes, dan kunnen we door met de rood-wit-blauwtrip. Waar gaan we dan naartoe?' vraagt Saar.

'We wilden een dagje naar de Zaanse Schans, met al die mooie molens en kleine groene huisjes,' antwoordt mama. 'Dat is ook echt een stukje geschiedenis van Nederland dat je gezien moet hebben voor je spreekbeurt. Molens en Zaanse huisjes staan bekend als typisch Nederlands.'

'Draaimolens? Wat leuk, net als in de speeltuin.' Janna is meteen enthousiast.

'Nee, geen draaimolens, maar echte, grote windmolens,' zegt mama. 'En volgens mij kun je daar ook een bezoekje brengen aan de oude Nederlandse koekjesfabriek. Misschien kunnen we wel wat koekjes en chocolade proeven en maken.'

Nu kijkt Janna nog enthousiaster. 'Koekjes en chocola? Dat

klinkt goed. Wij gaan mee morgen!'

'Ga je eerst maar eens omkleden, dan kunnen jullie straks even lekker buitenspelen, want het is mooi weer vandaag.' Mama wijst uit het raam.

'Oké,' zegt Janna. 'Wat moet ik aandoen?'

'Je klompen en je witte kraag, nou goed.' Saar lacht. 'Net zoals die mensen op die schilderijen.'

'Even kijken of ik die in mijn kast heb,' zegt Janna. 'Je weet maar nooit.'

Mama lacht en kijkt ineens een beetje geheimzinnig. 'Nu brengen jullie me wel op een idee. Wacht maar af. Morgen heb ik misschien nog wel een extra verrassing voor jullie.'

Saar en Janna kijken elkaar aan en halen hun schouders op. 'Wat zou het zijn?'

Na een rondleiding door het Zaans museum de volgende dag, nemen ze een kijkje in de koekjesfabriek. Bram, Saar en Janna mogen zelf een wikkel voor een lekkere chocoladereep maken. Met de reep in hun handen lopen ze naar buiten.

'We gaan even langs de molens en de Zaanse huisjes lopen. Gaan jullie mee?' vraagt mama. Met een mond vol chocola lopen ze achter papa en mama aan. Bij de molen mogen ze naar binnen om te kijken hoe de molen werkt.

'Kijk,' zegt papa. 'Omdat de wieken van de molen in de wind draaien, duwen ze de grote molenstenen rond. Zo malen de zware stenen het graan dat eronder ligt tot meel.'

Janna en Saar kijken omhoog. 'Kun je helemaal bovenin ook kijken?' vraagt Janna. Ze klimmen een klein smal trappetje op en kunnen zelfs even buiten kijken. Gelukkig staat er een stevig hek zodat je niet te dicht bij de wieken kunt komen. Die draaien ruw mee met de wind en maken een hard zoevend geluid. Janna zingt mee op het ritme van de wieken. 'Zo gaat de molen, de molen, de molen. Zo gaat de molen, de mo-ho-len.' En dan heel snel: 'Zo gaan de wieken, de wieken, de wieken. Zo gaan de wieken, de wie-hie-ken.' Ze draait met haar armen mee met de wieken.

‘Zullen we weer naar beneden?’ vraagt Saar. Ze vindt het toch wel een beetje spannend zo hoog. De planken van het balkon staan een beetje uit elkaar waardoor je zo de diepte in kunt kijken. Het trappetje omlaag is ook behoorlijk smal en wankel. Ze is blij als ze weer met twee benen op de grond staat.

‘Kunnen we nog even langs de kaasmakerij?’ vraagt Bram. ‘Ik heb wel zin in kaas.’

‘Laten we dat doen. Er is ook een winkeltje waar je kazen kunt proeven. Echt iets voor een kaaskop als jij.’ Mama steekt haar tong uit naar Bram.

‘Ik zie het als een compliment,’ antwoordt Bram trots. ‘Kom maar door met die kaas.’

Nadat ze een filmpje hebben gezien over hoe je kaas maakt, lopen ze door naar de kaaswinkel. Overal liggen bordjes met stukjes kaas. Bram en Janna lopen langs zo veel mogelijk schoteltjes en prikken overal een kaasje weg. Saar trekt haar neus op en neemt nog een hap van haar reep chocola. ‘Bah, kaas. Geef mij maar chocola.’

Dan komt Janna met rode wangen en grote ogen naar mama toe. ‘Mam, heb je water?’ kreunt ze.

Mama pakt uit haar rugtas een waterfles. ‘Wat heb je gegeten?’

Na een paar slokken kan Janna weer antwoord geven. ‘Ik proefde een stukje hele pittige kaas.’

‘Welke? Deze?’ Ook Bram stopt een blokje in zijn mond. Hij haalt zijn schouders nog even op alsof er niets aan de hand is, maar na een paar keer kauwen worden zijn wangen ook rood. Hij begint te

kuchen en probeert te slikken. 'Water. Nu!' Hij graait de fles water uit Janna's handen.

Saar schiet in de lach. 'Zie je nou wel? Kaas is helemaal niet lekker.'

Mama wijst naar het bordje bij het schoteltje kaas en moet ook lachen. 'Vind je het gek? Jullie zitten peperkaas te eten. Die is inderdaad behoorlijk pittig.'

'Kom, we gaan nog even bij de huisjes kijken.' Mama legt een arm om Janna's schouder en leidt haar mee naar buiten.

'Wat was eigenlijk de verrassing?' vraagt Saar als ze weer terug bij de auto zijn.

'Ah, de verrassing, die komt nu.' Mama kijkt naar papa. 'Het is tijd voor de verrassing...'

'Hier gaan we naar binnen.' Mama wijst naar een winkel. In plaats van naar huis te rijden zijn ze doorgereden naar Volendam. Nu staan ze in de kleine haven voor een fotowinkel. 'Jullie hadden het gisteren toch over witte kragen en rare mutsen? In deze winkel kun je ouderwetse Nederlandse kleding passen en samen op de foto.' Ze begint de grinniken. 'Kijk maar in de etalage.'

Bram, Saar en Janna drukken hun neuzen tegen het raam. De etalage staat vol met foto's van bekende mensen in klederdracht.

'Moet je deze zien.' Bram begint te lachen. 'Kijk dat gekke hoedje en die accordeon!'

'En deze muts dan,' giert Saar. 'Die ga ik echt niet opzetten.'

'Jawel, dat gaan wij ook doen.' Papa stapt de winkel binnen. 'Wij willen graag op de foto in echte oud-Hollandse kleding,' zegt hij tegen de winkelbediende.

Ze worden meegenomen naar een zolder vol oude kleren. Er is een woonkamer nagemaakt met allemaal oude spullen. Saar, Janna en mama krijgen een jurk aan met een schortje en een kraag. Ze moeten een grote witte kap opzetten en aan hun voeten komen klompen.

'Hihi, kijk mij nou!' Janna doet een klein klompendansje in haar klederdracht.

'Ik ga zo naar school volgende week. Voor mijn spreekbeurt.' Saar lacht. 'Wij zijn de Zoete Hollandse Zusjes.'

Dan moeten ze gaan zitten in het woonkamertje. Papa en Bram zijn gekleed in een zwarte wijde broek en een rood vest met knopen. Papa heeft een lange witte pijp in zijn handen en Bram een accordeon.

'Speel eens een liedje, Bram,' roept Janna. Maar helaas doet de accordeon het niet.

Saar en Janna hebben een mand met tulpen vast en mama een grote Hollandse kaas. Bram probeert zijn tanden erin te zetten. 'Jammer, hij is nep. En ik had net zo'n honger!'

Papa doet net of hij rook uit zijn pijp blaast. 'We halen straks nog wel even een heerlijke gerookte paling in de haven.' Hij likt langs zijn lippen.

'Bleh, paling,' zegt Janna. 'Nou, ik hoef niet. Eten we dat echt?'

Ook Saar trekt een vies gezicht. 'Peperkaas en paling, bah!'

De fotograaf kijkt op haar schermpje naar de foto. 'O,' zegt ze. 'Dit is wel een beetje een gekke foto. Kunnen jullie niet wat vrolijker kijken? Denk maar aan wat leuks.'

'Dus niet aan peperkaas en paling,' zegt Saar. 'Maar aan heerlijke Hollandse pannenkoeken en poffertjes!' *Flits.*

OOST WEST, THUIS BEST

‘Pfff.’ Saar zucht. ‘We hebben gelukkig toch nog veel van Nederland gezien: noord, oost, zuid en west. Over alles kan ik wel iets vertellen tijdens mijn spreekbeurt. Ik ken Nederland nu héélemaal.’ Ze maakt met haar armen een grote cirkel in de lucht.

‘Nog niet helemaal.’ Papa steekt een vinger op. ‘Tijdens onze rood-wit-blauwtrip zijn we nog één stuk van Nederland vergeten. Het midden hebben we nog niet gehad. Of juist al vaak gehad, want daar wonen we zelf.’

‘Maar hier is toch niets leuks te doen?’ Saar trekt haar wenkbrauwen op.

‘Ik denk dat ik juist wel een leuk uitje hier in de buurt weet.’

Mama komt erbij staan en wrijft in haar handen. 'Janna heeft het helemaal aan het begin al eens genoemd. Weten jullie het nog?'

Papa haalt zijn schouders op. 'Geen idee.'

'Janna, kom eens!' roept Saar naar boven.

'Wat is er?' Janna komt in haar prinsessenjurk de trap af. Op haar hoofd staat een kroontje en ze heeft prinsessenschoenen aan.

'Waar wilde jij nog naartoe in Nederland?' vraagt Saar.

Janna moet even goed nadenken en dan schiet het haar weer te binnen. 'Ik wil nog op bezoek bij de koning en de koningin!' Haar ogen beginnen te stralen. 'Gaan we dat echt doen?'

Mama lacht. 'Nou, ik denk dat Willem-Alexander en Maxima daar te druk voor zijn, maar we kunnen wel naar een paleis gaan. Hier vlakbij staat Paleis Het Loo. Daar woonden vroeger echte koningen en koninginnen. Je kunt binnen in het paleis kijken en prachtig wandelen door de paleistuin en de bossen. Zullen we dat morgen gaan doen?'

'Ja!' Janna staat al te springen. 'Mag ik dan mijn prinsessenjurk aan?'

Mama knikt. 'Natuurlijk. Bij een bezoekje aan een paleis hoort een prinsessenjurk.'

'Niet voor ons allemaal hoop ik?' Papa kijkt bezorgd.

Saar en Janna schieten in de lach. Ze zien het al helemaal voor zich: papa in een prinsessenjurk. Op hoge hakken en met een kroontje op zijn kale hoofd.

Ze hoeven maar een klein stukje te rijden. Janna heeft haar mooiste prinsessenjurk aangetrokken. Papa had nog een paar prinsessenjurken van Janna gepast vanochtend, maar helaas waren ze allemaal te klein en moest hij toch echt mee in zijn gewone kleren. Als het gepast had, had hij er eentje aangedaan, zei hij. 'Want als je je vanbinnen een prinses voelt, dan maakt het niet uit of je een jongen of een meisje bent. Dan kun je gewoon een mooie jurk aan.'

Bram konden ze ook niet overhalen om een prinsessenjurk aan te trekken. Hij had geen zin in een prinsessendag. Pas toen hij hoorde dat ze daarna het bos in zouden gaan, wilde hij mee. Samen met papa is hij vaak in het bos te vinden op zoek naar wild, zoals herten en wilde zwijnen. Een poosje terug hadden ze zelfs dicht bij huis een das gezien. Maar eerst gaan ze het paleis bezoeken. Het is een speciale prinsessendag op Het Loo en in de paleistuin kun je allemaal prinsessendingen doen. Janna kan niet wachten.

'Wow, wat is het groot,' zegt ze als ze even later voor de ingang van het paleis staan. 'Was dit allemaal van de koning en de koningin?' Haar mond valt een stukje open.

'Die waren vast superrijk.' Ook Saar kan haar ogen niet geloven.

'Koningen woonden ook nooit alleen, dus hadden ze een groot huis nodig,' zegt mama. 'Er moesten kamers zijn voor de gasten, de bedienden, de tuinmannen, de koks, de hofdames, stallen voor de paarden, schuren voor de rijtuigen en ga zo maar door. En een echte koning heeft natuurlijk ook een prachtige grote balzaal voor leuke feestjes.'

'Daar zou ik ook wel een keertje heen willen,' zegt Janna. 'Een echt bal voor prinsessen.'

'Het lijkt hier nu al een prinsessenbal. Kijk maar eens goed om je heen.' De tuin van Het Loo is vol met kleine prinsen en prinsessen. Je kunt een rondje rijden in de koets. Er staat een troon waar je even op mag zitten. Er zijn lakeien en hofdames die overal bij helpen en er is een koninklijke goochelshow. Saar en Janna genieten en zelfs Bram moet af en toe stiekem lachen. Ze mogen even binnen in het paleis kijken naar de prachtige beschilderde wanden, de gouden versiersels aan de plafonds en de muren vol met schilderijen.

'Het lijkt wel een beetje op het Rijksmuseum,' fluistert Saar.

Janna knikt. 'Hier kun je toch niet wonen? Het is allemaal zo keurig en netjes. Ik heb liever mijn eigen kamer, met een hoogslaper en met al mijn knuffels en Barbies.'

'Dit zal toch ook wel lekker slapen?' Mama wijst naar een mooi koninklijk hemelbed.

Maar Janna schudt haar hoofd. 'Moet je kijken daar aan de muren.' Er hangen grote koppen van opgezette dieren en geweien van herten.

'Zouden ze die allemaal zelf geschoten hebben?' vraagt Bram.

'Koningen gingen wel vaak jagen met hun gasten,' antwoordt papa. 'En om dit paleis liggen prachtige bossen met herten en zwijnen. Dus het zou zomaar kunnen.'

'Zielig,' vindt Saar.

Janna knikt. 'Echt zielig.'

Na een rondje door het paleis komen ze weer terug in de paleistuin. Daar krijgen Saar en Janna een les in hoe je een echte prinsessenbuiging moet maken. Een hofdame doet het voor en de meisjes proberen het zo goed mogelijk na te doen. Je moet op je linkervoet gaan staan. Dan zet je je rechtervoet op de tenen schuin achter je linkervoet. Even door de knieën en je hand zweeft sierlijk in de lucht. Met je hoofd geef je ook een knikje naar beneden. Saar en Janna oefenen wel twintig keer en zien eruit als echte koninklijke prinsessen. Daarna moeten ze een rondje lopen met een boek op hun hoofd, zodat ze keurig rechtop blijven. En dat is nog best lastig. Telkens valt Janna's boek op de grond. 'Dit gaat nooit lukken,' kreunt ze.

Na tien keer proberen is Janna er helemaal klaar mee. 'Ik denk dat ik na vandaag toch geen echte prinses wil zijn,' zegt ze. 'Ik wil gewoon lekker rennen, zonder boek op mijn hoofd. En ik wil in mijn eigen bed vol met knuffels slapen. En ik wil schreeuwen en zingen door de gangen. En lekker vies worden.'

'Ik snap het helemaal,' zegt mama. 'Prinses zijn voor een dag is heerlijk, maar het is ook fijn om gewoon jezelf te zijn. Zullen we nog even het bos in gaan? Dan mag je eindelijk lekker rennen en vies worden.'

Bij de auto trekt Janna haar prinsessenjurk uit en een makkelijk setje aan. Mama heeft ook haar oude gympen meegenomen. Samen met Bram en Saar kan ze nu lekker in het bos spelen. Ze zoeken naar dierensporen, spelen verstoppertje en maken een flinke wandeling.

'Zullen we nu een poosje heel stil lopen?' vraagt Bram. 'Misschien zien we dan nog wilde dieren.'

Ze lopen een hele tijd zo stil mogelijk. Ze fluisteren amper en wijzen en gebaren als ze denken iets te zien. Lange tijd zien ze helemaal niets, maar dan begint Bram ineens wild te zwaaien. Hij wijst naar een open veld in de verte, waar twee kleine hertjes net hun hoofd boven het hoge gras uitsteken. Bram maakt snel een foto met zijn telefoon en dan schieten de hertjes het bos weer in. 'Vet, ze staan erop.' Bram kijkt tevreden naar het scherm van zijn telefoon en laat de foto zien.

Mama kijkt naar papa. 'Wat is de Veluwe toch mooi, vind je niet?' zegt ze. 'We hebben heel Nederland gezien, maar we wonen

hier niet slecht in het midden.'

'Oost, west, thuis best,' antwoordt papa. 'De Veluwe is zo gek nog niet.'

'En Nederland ook niet,' zegt Saar. 'Ik had echt verwacht dat ik de saaiste spreekbeurt ooit moest gaan houden. Maar ik heb genoeg om te vertellen na de vakantie. Over Giethoorn, het fierljeppen, de hunebedden, de Efteling, de grotten, het Rijksmuseum, de molens, Volendam, het paleis en het bos... Ik weet niet of het allemaal wel in één spreekbeurt past.'

'En je moet ook wat lekkers uitdelen hoor, dat werkt ook altijd goed,' zegt Bram. 'Zoals stroopwafels, dropjes, blokjes kaas of bitterballen. Echt Nederlands.'

'Zolang het maar geen peperkaas en paling is.' Janna trekt weer een vies gezicht.

‘Dan ga ik voor de bitterballen!’ Saar wrijft in haar handen. ‘Mag dat? Mag ik dan de airfryer meenemen naar school en voor de hele klas bitterballen maken?’ Ze kijkt mama vragend aan.

Die schiet in de lach. ‘Van mij wel. Ik denk dat je de hele klas dan erg blij maakt met je spreekbeurt over Nederland.’

Papa geeft Saar een duwtje. ‘Als je er ook maar een paar voor mij bewaart.’

‘En voor mij!’ roept Bram.

‘En mij!’ roept Janna.

EEN HOLLANDSE BAL

Met zweterige handen pakt Saar het bureau van de juf vast. Achter haar hangt de vlag van Nederland en op het bureau staan allemaal Nederlandse spullen, zoals klompen, een bos tulpen, een Hollands mutsje, een klein molentje en nog veel meer.

'Ik doe mijn spreekbeurt over Nederland.' Ze kijkt zenuwachtig de klas in. 'Eerst dacht ik: wat saai. Maar in de vakantie zijn we op een rood-wit-blauwtrip door heel Nederland geweest. En eigenlijk is ons land veel leuker dan ik had verwacht.' Saar slikt een keer, kucht even en gaat dan verder. 'Nederland is een klein land in Europa. We hebben ongeveer zeventien miljoen inwoners en de meesten spreken Nederlands. Maar sommige Nederlanders spreken Fries of een dialect. Of ze spreken de taal uit het land waar zij of hun familie vandaan komen. In Nederland wonen mensen uit allerlei culturen. In onze geschiedenis is een heleboel gebeurd waardoor de Nederlandse bevolking nu een mengelmoes is. En samen zijn we Nederland.'

Ze vertelt over de eerste Nederlanders en de hunebedden, over de handel overzee en over de tropische eilanden die nog steeds bij Nederland horen. Ze legt uit hoe de dijken werken en hoe ze braken tijdens de Watersnoodramp. Ze vertelt over het landschap en de dieren in Nederland. En ze laat klompen zien, een foto van de Zaanse huisjes, het molentje en natuurlijk de foto in klederdracht. Iedereen in de klas moet lachen om die gekke oude kleding. Ook laat ze op het digibord schilderijen zien van Vincent van Gogh en van Rembrandt en ze vertelt over de grotten in Limburg waar 'De Nachtwacht' werd verstopt.

Als laatste laat ze een foto zien van koning Willem-Alexander en koningin Maxima. 'Dit zijn de koning en de koningin van Nederland. Ze zullen wel trots zijn, want zoals jullie net gehoord hebben is Nederland supermooi en ontzettend leuk. En we hebben nog lang niet alles gezien! Misschien gaan we in de zomervakantie wel weer een rood-wit-blauwtrip door Nederland maken. Daar heb ik nu al zin in. Eerst dacht ik dus: Nederland is geen bal aan.' Ze pakt de grote schaal met warme bitterballen. 'Maar nu denk ik: Nederland is top! Iemand zin in een Hollandse bal?'

Alle vingers in de klas schieten omhoog. Trots loopt Saar rond met de schaal. Ook de juf pakt er eentje.

‘Goed gedaan, Saar!’ Ze heeft een vel papier in haar handen en uit haar ooghoek ziet Saar dat ze een grote tien opschrijft.

Saar haalt opgelucht adem en er verschijnt een glimlach op haar gezicht. ‘Dit was mijn spreekbeurt over Nederland,’ zegt ze dan. ‘Wie heeft er nog vragen?’

Heel veel liefs
van ons

SAAR & JANNA